DU MÊME AUTEUR

Aux Éditions Gallimard

LE GOÛT DU MALHEUR, *roman*, 1993 (Folio n° 2734).

MORNY, UN VOLUPTUEUX AU POUVOIR, *essai*, 1995 (Folio n° 2952).

BERNIS, LE CARDINAL DES PLAISIRS, *essai*, 1998 (Folio n° 3411).

UNE JEUNESSE À L'OMBRE DE LA LUMIÈRE, *roman*, 2000 (Folio n° 3768).

UNE FAMILLE DANS L'IMPRESSIONNISME, coll. Livres d'art, 2001.

NOUS NE SAVONS PAS AIMER, *roman*, 2002 (Folio n° 4009).

LE SCANDALE, *roman*, 2006 (Folio n° 4589).

LA GUERRE AMOUREUSE, *roman*, 2011 (Folio n° 5409).

NAPOLÉON OU LA DESTINÉE, *biographie*, 2012 (Folio n° 5790).

NE PARS PAS AVANT MOI, *roman*, 2014 (Folio n° 6060).

UNE JEUNESSE PERDUE, *roman*, 2016.

Aux Éditions Grasset

LA FUITE EN POLOGNE, *roman*, 1974.

LA BLESSURE DE GEORGES ASLO, *roman*, 1975.

LES FEUX DU POUVOIR, *roman*, 1977. Prix Interallié.

LE MYTHOMANE, *roman*, 1980.

AVANT-GUERRE, *roman*, 1983. Prix Renaudot.

ILS ONT CHOISI LA NUIT, *essai*, 1985.

LE CAVALIER BLESSÉ, *roman*, 1987.

LA FEMME DE PROIE, *roman*, 1989.

LE VOLEUR DE JEUNESSE, *roman*, 1990.

L'INVENTION DE L'AMOUR, *roman*, 1997.

LA NOBLESSE DES VAINCUS, *essai*, 1998.

ADIEU À LA FRANCE QUI S'EN VA, *essai*, 2003.

MES FAUVES, *essai*, 2005.

Suite des œuvres de Jean-Marie Rouart en fin de volume

LA VÉRITÉ
SUR LA COMTESSE BERDAIEV

JEAN-MARIE ROUART
de l'Académie française

LA VÉRITÉ SUR LA COMTESSE BERDAIEV

roman

nrf

GALLIMARD

Il a été tiré de l'édition originale de cet ouvrage
trente exemplaires sur vélin rivoli
des papeteries Arjowiggins numérotés de 1 *à* 30.

Il y a plusieurs manières de se tuer : l'une est d'accepter absurdement de vivre.

ARAGON

Il n'y a pas de crime au monde dont je ne m'estime coupable.

GOETHE

LES NUITS D'IBIZA

1

Personne, en voyant la comtesse Berdaiev, ne pouvait se défendre d'une exclamation superlative : « Quelle belle femme ! » On renchérissait souvent en ajoutant : « Comme elle est excitante ! » Et nombre de ceux qui l'observaient, aussi bien hommes que femmes, sentant le feu affluer dans leurs artères, soupiraient : « Je coucherais bien avec elle. » Étrangement, ce n'est pas une remarque que l'on fait à propos de toutes les femmes, même avenantes. On laisserait volontiers la plupart végéter avec leur mari, ou frissonner de cinq à sept avec un vieil amant, ou plus honorablement s'occuper de leurs enfants. Non que beaucoup d'entre elles ne soient pas charmantes, d'une fraîcheur appétissante, mais elles ne suggèrent pas de manière aussi térébrante l'idée du lit comme la comtesse Berdaiev. En face d'elle, des images affolantes vous assaillaient : des questions rouges touchant au galbe de ses seins, à la pilosité de son sexe, sans compter d'autres interrogations plus intimes encore sur son ardeur au plaisir et le mystère insoupçonné de son étreinte.

Savait-elle à quel point elle était l'objet du désir des hommes ? Comment aurait-elle pu l'ignorer ? Le privilège de plaire, de susciter une ardente convoitise, ne lui apparaissait plus seulement comme un agréable atout mais comme une fatalité. Que de stratagèmes elle devait employer pour écarter ses soupirants, que de manœuvres pour éteindre leurs projets lubriques ! On n'imagine pas les ressources qu'il faut employer pour convaincre les hommes de cesser leurs avances sans s'en faire des ennemis mortels. Oui, sans les vexer, sans froisser leur amour-propre sexuel, domaine où ils se montrent plus susceptibles qu'un Turc. Il faut beaucoup d'habileté et de savoir-vivre pour refroidir leur fébrile entêtement et faire comprendre courtoisement aux plus empressés de modérer leurs assauts et de rengainer leur organe viril.

Elle s'amusait avec un brin de satisfaction de son habileté à se soustraire aux sollicitations de ses admirateurs. Elle se comparait à un ministre des Affaires étrangères qui doit sans cesse composer avec les directives du gouvernement, les exigences des chancelleries, l'opinion publique, en évitant l'écueil des drames, des ruptures tumultueuses et avant tout le scandale. Sa dextérité lui procurait une sorte de griserie. Mais elle n'ignorait pas, elle en avait une conscience aiguë, que le capital dont elle disposait, qui lui procurait tant de dividendes, était fragile : sa beauté. Aussi fragile que l'emprunt russe, la fidélité en amour, que l'amour lui-même, que la vie ! Surtout, il fallait, dans les emportements amoureux, éviter les faux pas. Elle savait combien les femmes les paient cher. La vie, si clémente aux hommes, ne leur pardonne rien.

Son visage très doux, semblable à celui de la *Vierge à l'Enfant* de Botticelli, éclairé par des cheveux blonds, faisait contraste avec l'éclat mutin de ses yeux marron, pailletés d'or, et sa bouche sensuelle. Ce visage d'ange — tant la lubricité plonge ses racines dans des territoires obscurs — inspirait moins un sentiment chaste qu'un désir sauvage de profanation. Son regard en avait fait chavirer plus d'un car il exprimait, chose rare, la fantaisie d'un esprit libre, anticonformiste, dans une enveloppe sociale du meilleur ton qui ne la brimait pas. Plus encore que de dénuder son corps, on avait envie de déshabiller son maintien aristocratique et, sous les dehors de la plus parfaite courtoisie, cette arrogance souveraine qu'on rêvait d'humilier. Bien sûr, comme toutes les jolies femmes, elle était l'objet de la malveillance. Un mot avait couru sur elle qu'elle toisait avec un superbe dédain : « C'est l'Anna Karénine de la dépravation. » Mais on sait ce que valent les ragots infamants colportés par un amant congédié.

Elle avait une règle d'or, presque un axiome de philosophie, qu'elle tenait de sa mère, l'immarcescible et redoutable princesse Oborov, qui la lui répétait de sa voix rauque, à la diction parfaite, qui bousculait les *r* dans sa gorge comme le Dniepr en crue roule les cailloux sur ses berges : « En toutes circonstances, il faut savoir rester honorable. » Et sa mère lui répétait cet apophtegme tantôt en russe, tantôt en allemand ou en anglais, comme pour ancrer en elle l'universalité de ce principe qui permettait d'affronter toutes les circonstances, des plus plaisantes aux plus scabreuses.

2

Le magnifique appartement aux fenêtres ouvertes sur le parc Monceau sentait la citronnelle, la vanille et le parquet ciré. Après avoir inspecté l'ordonnance de la salle à manger Empire, où la table était mise, et celle de l'opulent salon où brillaient les dorures des meubles Boulle, veillant à ce que les fleurs soient artistiquement placées, les vases bien à leur place, la comtesse Maria Berdaiev s'installa toujours très droite devant le bureau Mazarin qui étincelait de toute sa marqueterie. Elle se plaisait dans cette pièce qui était à la fois son bureau et son boudoir pour les mêmes raisons qu'elle aimait ce vaste appartement de la rue Murillo, tellement chic, tellement bon genre. Elle ne se défendait pas de son penchant pour le clinquant, les meubles signés par les plus grands ébénistes, pour les lourdes tentures, les somptueux brocarts. Elle menait une guerre impitoyable au riquiqui, à la vulgarité, à la négligence et au désordre.

Sur les murs tendus de toiles de Jouy, en dehors des portraits assez conventionnels de Mignard et de l'école de Gérard, les tableaux ne se signalaient pas par leur qualité : c'étaient des huiles d'une honnête médiocrité dues au mièvre pinceau de Jean-Gabriel Domergue, de Lorjou, et de Van Dongen. S'y mêlaient des pastels tout aussi fades et sucrés qui, eux, avaient l'avantage de représenter des personnalités connues : on reconnaissait Edgar Faure, la pipe au bec, le marquis de Cuevas, le prince Philip d'Édimbourg toutes médailles dehors, Maurice Druon arborant sa canne à pommeau d'argent, Mimi d'Arenberg, lord Shelbourne, Danielle Darrieux, le professeur et académicien Henri Mondor, dont le crâne chauve semblait méditer les arcanes mallarméens dont il était l'inlassable exégète. Ces œuvres valaient surtout par une signature qui à Paris, à Genève, à Londres et à Bruxelles, était prisée moins pour sa valeur artistique, il est vrai insignifiante, que pour le brevet mondain qu'elle conférait. Avoir son portrait par la comtesse Berdaiev, celui de ses enfants, de sa maîtresse ou de son amant, ou même de son animal favori, apportait à ceux qui s'offraient le luxe de poser pour cette artiste onéreuse un cachet aussi indispensable que d'être admis au Polo, au Jockey ou à l'Interalliée. Maria Berdaiev avait toujours voulu être peintre. À dix-huit ans, elle avait suivi l'enseignement de Dunoyer de Segonzac à la Grande Chaumière. Mais les circonstances, une fulgurante et brève carrière d'actrice, avaient contrarié sa vocation. Après une éclipse de quinze ans, elle revenait à ses premières amours. Avec un succès qu'elle n'aurait jamais imaginé.

La comtesse Berdaiev écrivit un mot rapide sur son papier à lettres bleu ornementé d'une couronne comtale. Elle colla sur l'enveloppe une myriade de timbres préalablement humectés sur une éponge humide pour affranchir son pneumatique. La sonnerie cristalline de la porte d'entrée fit entendre sa mélodie. Quelques instants plus tard, la femme de chambre, une brunette aux yeux malicieux, originaire de Coimbra, vêtue d'un ravissant tablier de soubrette et coiffée d'un non moins seyant bibi blanc, frappa à sa porte et annonça :

— Monsieur le président Marchandeau attend madame la comtesse au salon.

Elle se leva pour rejoindre son illustre visiteur, savourant ce cérémonial, le bon ton des usages aristocratiques. Elle éprouvait une véritable jouissance à être elle-même au cœur d'une comédie sociale huppée qui lui restituait un statut qu'on lui avait volé. À Saint-Pétersbourg, ce devait être ainsi avant, dans la maison princière de son père. Sauf que les domestiques devaient pulluler dans le palais, et les cuisinières, les valets de pied, les cochers. Elle retrouvait le parfum d'un rêve, celui d'une société raffinée, et ce rêve qu'elle faisait d'elle-même, la grande dame qui vivait en elle, brimée par la réalité et les trahisons que la vie lui avait infligées. Parfois elle se demandait même si son âme, sa précieuse et indomptable âme russe, n'avait pas été atteinte.

Elle s'attarda devant sa psyché de Ruhlmann pour inspecter minutieusement sa tenue et faire bouffer sa coiffure. D'un geste qui lui était habituel, et qui étonnait toujours la soubrette quand elle surprenait ce manège, elle releva sa robe de jersey grège de Nina Ricci qui fit apparaître sa culotte blanche brodée, aux suggestives transparences, et vérifia l'impeccable ajustement de son porte-jarretelles noir. Puis elle chassa un pli de sa robe sous laquelle pointait, mais sans arrogance, sa délicieuse poitrine.

Elle connaissait d'avance le rituel immuable de ce déjeuner : le président Marchandeau l'attendait, épongeant son front avec un grand mouchoir à carreaux, si démocratique mais si quelconque, un bouquet de fleurs à la main, des fleurs bon marché, des tulipes, ce qui provoquait toujours chez elle un mouvement d'agacement qu'elle réprimait. Elle n'aimait que les gerbes de fleurs livrées provenant des grands fleuristes, Lachaume ou Moulié-Savart. Mais elle prenait son parti de la lésine de son protecteur. Il avait tant d'autres qualités. D'autant qu'il agrémentait son stupide bouquet de vers de Verlaine : le normalien perçait toujours sous le politique : « Voici des fruits, des fleurs, des feuilles et des branches / Et puis voici mon cœur qui ne bat que pour vous… » Il n'empêche, elle avait du mal à comprendre comment un homme si haut placé pouvait se montrer capable d'être aussi fastueux avec les deniers de l'État et si rat dans ses dépenses personnelles.

Le président Marchandeau était une personnalité importante de la République. Président de la Chambre des députés depuis cinq ans, il détenait un poste clé. Il avait la réputation — on était en mars 1958 — de vouloir briguer la succession de René Coty, le président de la République, dont le mandat expirait dans moins d'un an. Ses états de service républicains étaient en effet incontestables : socialiste, résistant, commissaire de la République à Alger, il appartenait à cette génération des Mendès France, des Mitterrand, des Guy Mollet, dont il partageait les convictions de gauche et les ambitions. Ayant labouré le terrain parlementaire pendant dix ans, il y moissonnait les responsabilités et les honneurs. D'une politesse cérémonieuse et démodée, propret, imbu de son importance, cambré comme un coq pour rehausser sa taille courte, ce n'était ni l'étalon ni le Tarzan qu'on lui prêtait en général comme amant, mais un esprit fin, un conteur qui savait rendre amusantes les péripéties de la vie politique en les agrémentant de potins, de bruits de couloir ou de soupirs d'alcôve. La comtesse Berdaiev ne se contentait pas d'écouter : la politique la passionnait, pas seulement comme une comédie amusante, mais parce que c'est elle qui tisse les fils du destin. Aussi dévorait-elle les journaux : *Le Figaro*, *Le Monde*, *Combat* mais aussi le *Times*, *La Stampa* et bien sûr *La Russie libre*. Au début de leur rencontre, il fumait la pipe. Elle avait réussi à le détourner de cette manie puante, du moins en sa présence, qui insultait son goût des bonnes manières.

La femme de chambre annonça le rituel : « Madame la comtesse est servie. » Ils passèrent à table, et elle fut à nouveau éblouie par la culture du président Marchandeau, son art de trousser des anecdotes, la manière habile qu'il avait de se faire valoir en citant ses prestigieuses relations. Et aussi par son humanité, ce souci permanent des classes laborieuses, de ceux qui souffrent. Il avait du cœur, beaucoup de cœur, ce qui ne diminuait en rien sa ladrerie.

Après que le café fut servi dans une belle cafetière en argent, il lui dit le tout aussi rituel :

— Que diriez-vous si je faisais une petite sieste ?

Elle savait ce que cela signifiait. La porte de la chambre tendue de toile de Jouy rose se refermait sur eux. La soubrette avait la consigne de ne pas les déranger. Là, sur la méridienne, il plongeait nerveusement la main sous sa robe. Elle murmurait : « Vous êtes vraiment incorrigible. »

Un peu plus tard, on pouvait percevoir la voix de la comtesse Berdaiev tentant de raisonner son soupirant avec une expression de sollicitude un peu lasse :

— Vous voyez bien que vous n'y arrivez pas !

3

L'adolescente, d'un geste compulsif, triturait ses cheveux longs d'un noir de jais. C'était une jolie brunette aux yeux clairs qui ne manquait ni d'aplomb ni de culot. Elle apparaissait à contre-jour dans l'encadrement de la fenêtre du bureau. Elle s'appelait Claudine Dumez. Une atmosphère lourde pesait dans le commissariat, un air vicié avec des relents de tabac froid et de bière. Derrière elle se dessinait le porche de l'église Saint-Sulpice, encadré de la large tenture noire qui indique une messe d'enterrement. Au premier plan, sur la place, les fontaines faisaient jaillir les jets d'eau dans des éclaboussures de soleil. La fille n'avait pas l'air de prendre la situation au tragique. Elle se montrait étonnamment sûre d'elle, à la limite de l'arrogance. Le commissaire, qui avait sur son bureau à tubulures d'acier le procès-verbal de son interrogatoire, lui posait des questions avec bienveillance malgré son agacement. Il pensait : Quelle petite pimbêche ! Par expérience — il avait une fille à peu près du même âge —, il savait qu'avec les adolescents on ne peut rien conclure : l'arrogance dissimule parfois l'angoisse, la timidité. Ils vous insultent et, une demi-heure plus tard, ils tentent de s'ouvrir les veines.

— Tu sais que tu t'es mise dans un drôle de pétrin ? Tu aurais pu le tuer ?

Il avait prononcé cette phrase avec l'accent chantant de Mont-de-Marsan dont il était originaire. Cette intonation retirait de la gravité à ses paroles et leur donnait un air bonasse et ensoleillé. Il attendait que l'adolescente exprime un remords, de la contrition ou, à tout le moins, de l'attrition, comme disaient les pères maristes d'Hossegor chez lesquels il avait été pensionnaire. Leur casuistique le poursuivait. Il avait beau pratiquer cet ingrat métier depuis vingt ans, son imprégnation chrétienne lui faisait toujours attendre un repentir. Tu parles, Charles !

— Ça m'est égal, qu'il crève. C'est bien fait pour lui ! vociférait Claudine avec une lueur hallucinée dans le regard.

Le commissaire l'observait avec amusement : son délit lui paraissait moins grave qu'il ne le lui montrait. Mais il était dans son rôle. Il se disait qu'elle avait une jolie frimousse, un air aguichant qui l'émoustillait, et un joli petit corps dont les seins emplissaient agréablement son pull en mohair bleu clair. Jamais il ne lui aurait donné les quinze ans de son état civil. Il avait une fille de dix-huit ans qui paraissait une gamine en comparaison. À l'idée de sa fille, il se rembrunit : il n'aurait pas aimé qu'elle se trouve dans ce genre de situation.

— Allons, il y a quelque chose que je ne m'explique pas bien.

À ce moment, les cloches du bourdon de Saint-Sulpice sonnèrent lentement quatre heures.

Claudine avait été appréhendée en fin de matinée au Bon Marché pour avoir dérobé plusieurs articles de lingerie féminine qu'elle avait dissimulés sous son manteau : trois soutiens-gorge, quatre petites culottes, trois porte-jarretelles. L'agent de sécurité l'avait conduite dans une remise sous prétexte, disait-il, de lui faire la leçon. Là, leur version des faits divergeait. Elle prétendait qu'il avait ouvert sa braguette, sorti sa verge et proposé qu'elle la prenne dans sa bouche en échange de son impunité. Il lui avait demandé de se mettre à genoux, faute de quoi il préviendrait la police. Elle avait commencé à obéir : elle avait déjà une certaine habitude de ce genre de service que réclament les hommes. Mais, à genoux, devant le spectacle de ce petit sexe mollasson et tire-bouchonné qui dégageait une odeur âcre de pomme pourrie, elle avait marqué une hésitation. Voyant sa mauvaise volonté, le vigile l'avait brutalement tiré par les cheveux pour qu'elle s'exécute. Il avait maugréé : « Petite idiote, tu vas m'obéir ou j'appelle les flics. »

Or ce n'était pas une méthode à employer avec Claudine. Elle était bonne fille mais pas poire !

— Y a pas le feu, dit-elle en se relevant, dissimulant sa colère, soutenue par l'idée qu'elle préférait plutôt mourir que de donner du plaisir à ce butor.

Elle se sentait prête à tout. Même à le tuer. Elle aperçut à portée de main un tournevis oublié sur une caisse par un magasinier. D'un geste fulgurant, elle le saisit et le planta dans la poitrine du gros balourd dont la chemise blanche s'inonda de rouge. Il poussa un cri de bête, tenta de la gifler, mais aussitôt le personnel du Bon Marché était accouru.

Le commissaire se sentait mal à l'aise. Il concevait que le vigile ait eu la tentation d'abuser de son pouvoir — dans ce genre de situation, on dérape vite —, mais pourquoi avoir employé la violence ? Si, au contraire, il avait usé de persuasion, les choses n'en seraient pas là : ni lui aux urgences de l'hôpital Necker, ni elle dans ce bureau. Et, sauf la morale, personne n'y aurait trouvé à redire. Il connaissait les risques et les tentations qui s'offrent. Dans ce métier de policier si ingrat, si morne dans sa répétition, il fallait bien de temps à autre un effet d'aubaine. Il se souvenait de quelques occasions savoureuses : des femmes éméchées, des conductrices qui échangeaient des caresses contre un retrait de permis. Les jolies femmes prennent parfois des risques en brûlant un feu rouge.

Son plus beau cadeau lui avait été apporté par une superbe Yougoslave, ancienne championne olympique d'aviron plus ou moins reconvertie dans la galanterie de luxe : il l'avait interrogée après la plainte d'un de ses clients, directeur général d'une importante firme de voitures allemandes, qui l'accusait de lui avoir dérobé dans sa suite du Bristol une montre Piaget et une petite fortune en *traveller's cheques*. Elle niait, bien sûr. Mais le directeur de la firme allemande s'était montré si vulgaire et arrogant qu'il avait plutôt envie de la croire, elle. Son audition avait duré jusque tard dans la soirée. Ils avaient parlé de beaucoup de choses qui n'avaient rien à voir avec l'affaire en question. Il avait ouvert une bouteille de whisky. Et ils s'étaient retrouvés sur la moquette râpeuse du bureau. Le bourdon de Saint-Sulpice avait sonné minuit au moment où il atteignait l'extase. Jamais de sa vie il n'avait connu une telle jouissance. Elle était vraiment experte. Et celle-là, aux gémissements de plaisir qu'elle avait poussés, elle n'était pas vraiment du genre à lui planter un tournevis dans la poitrine. Bien sûr, il avait classé l'affaire. Il faut savoir se comporter en gentleman.

— Je vais faire prévenir tes parents !

Le commissaire détestait d'avoir à prononcer ce genre

de menace. D'abord parce que, comme père, il imaginait la honte qui frappait les parents. Surtout, il imaginait les dégâts que ce type d'affaire, tellement banale, tellement humaine, peut faire dans une famille quand la justice s'en mêle. Aussi cherchait-il un subterfuge pour résoudre son dilemme. Le cas du vigile n'était pas meilleur : à coup sûr, il serait renvoyé du Bon Marché. Peut-être pourrait-il lui faire comprendre qu'il était dans son intérêt de ne pas porter plainte. À moins évidemment que Claudine n'ait menti sur toute la ligne.

Soudain, elle lui tendit une carte de visite. Elle souriait, attentive à sa réaction. Le commissaire prit la carte : c'était celle du président Marchandeau, l'un des plus hauts personnages de l'État.

— Prévenez plutôt ce monsieur. Il m'a dit de ne pas hésiter à l'appeler en cas de besoin.

Le commissaire restait stupéfait. Quels rapports avaient pu se nouer entre cette petite voleuse et un si important personnage ? Son premier réflexe fut de se garantir. Il avait l'habitude d'user d'un moyen très simple pour éviter les histoires désagréables. Il prit un crayon et écrivit le nom du président Marchandeau et ce commentaire sur le procès-verbal de l'interrogatoire : « Peut-être est-elle mythomane ? »

Devait-il ou non avertir le procureur ? Il n'avait pas gardé un très bon souvenir de leur dernière collaboration : cela avait tourné à l'aigre. Il s'agissait de la disparition d'un Russe blanc, très impliqué dans la lutte contre les services secrets de l'URSS, l'ataman Ivan Margenski. Ses proches prétendaient qu'il avait été victime d'un enlèvement à sa sortie de la brasserie La Coupole.

Alors le procureur ? Il l'appellerait demain. Rien ne

pressait. Mais mieux valait se couvrir. C'est le secret d'une carrière heureuse dans l'administration.

— Tu peux disposer, dit-il à l'adolescente.

Claudine se leva et se saisit du sac en plastique qui contenait les sous-vêtements dérobés.

— Ah non, tout de même pas, proféra le commissaire, abasourdi par le culot de l'adolescente.

Quand Claudine quitta la pièce, il reluqua ses jolies petites fesses et ne put se défendre d'une pensée pleine de concupiscence. Il eut du mal à chasser un irritant et frustrant désir rouge.

Le carillon de Saint-Sulpice sonna huit heures. Il avait tout juste le temps de se rendre rue Servandoni, au Petit Basque, et de se faire servir une piperade avant de regagner son lugubre trois-pièces à Aubervilliers.

4

La DS noire était bien au rendez-vous au pied de l'immeuble de la rue Murillo. Mais Roger manquait à l'appel. Le président Marchandeau pesta contre la nonchalance de son chauffeur qui allait le mettre en retard avec le président de la Commission des lois pour un entretien des plus cruciaux. Chauffeur n'était peut-être pas le terme qui convenait à Roger, à son service depuis quinze ans : gros gaillard rougeaud, il avait été son agent de liaison dans la Résistance, avant de devenir son ami, son homme de confiance, son messager occulte et sa tête de Turc. Le seul homme à qui il pouvait tout demander. Le seul qui ne le trahirait jamais. Et, en politique, c'est une denrée rare. Ancien ouvrier du Livre, permanent de la CGT, en délicatesse avec le Parti pour avoir été proche de Doriot — tout le monde a des faiblesses —, Roger était d'un caractère instable, une instabilité accrue par son penchant pour la bouteille. Il se pochetronnait comme un Cosaque, commençant au petit matin par un blanc-cassis sur le zinc, puis un vermouth, en attendant le pousse-café, la Marie Brizard et le Ricard. Il était cuit du matin au soir. Son service s'en ressentait. À sa décharge, il n'avait jamais eu d'accident.

Pas de chance, le président Marchandeau, si indulgent d'habitude, était à cran. Il avait l'impression irritante d'avoir obtenu tout ce qu'un homme peut désirer en ce bas monde et d'être pourtant insatisfait. Mille contrariétés aigrissaient son humeur. Et son caractère autoritaire ne les tolérait pas, comme autant de contestations de son pouvoir. Il avait une maîtresse délicieuse que beaucoup lui enviaient, qui comblait en lui toutes les ambitions qu'il nourrissait en matière de réussite sociale : belle, aristocrate, raffinée, connaissant les usages à la perfection, elle était douée d'une grande expertise en matière amoureuse. Mais il avait de plus en plus de mal à la satisfaire. Pourquoi, avec l'âge, son sexe ne répondait-il plus que rarement aux sollicitations de son désir de manière imparfaite, insatisfaisante ? Il songea à l'expression « faire flanelle » qu'il employait avec ses cothurnes de Normale sup' pour désigner les malheureuses victimes de ce genre d'inconvénient.

Enfin Roger apparut, l'air empoté et contrit. Le

président Marchandeau lui passa un savon. Contrairement à son habitude, Roger n'avait pas été au bistrot, il n'y en avait pas dans ce quartier très chic, mais, pris d'un besoin pressant, il avait connu des tribulations : d'abord en étant bruyamment chassé par une concierge quand il avait voulu se soulager devant une porte cochère, puis en attirant pour le même motif l'attention du gardien du square qui voulait le verbaliser.

Le président Marchandeau, qui avait allumé sa pipe, prohibée par la comtesse Berdaiev, s'assit à côté de Roger. Il ne trouvait pas convenable comme socialiste prônant l'égalité de s'asseoir sur la banquette arrière de la DS comme faisaient les banquiers, les présidents-directeurs généraux et les hauts dignitaires des deux cents familles. Assis à côté de Roger, il restait près du peuple des travailleurs. Cela ne le satisfaisait qu'à demi. Du moins était-il en accord avec une casuistique en usage dans les congrès de gauche. Le mieux eût été bien sûr de ne pas avoir de chauffeur du tout et de conduire la voiture lui-même. Mais il n'avait jamais réussi à passer son permis. Avoir un chauffeur faisait partie de ses contradictions idéologiques qu'il assumait mal : élu d'une banlieue ouvrière, il n'en habitait pas moins un palais national ; prônant l'égalité, il était servi dans ce palais par une multitude de serviteurs, de cuisiniers et d'huissiers ; favorable à la redistribution des richesses, il vivait somptueusement comme le plus nanti des nantis, damant le pion à ces potentats de la grande bourgeoisie et de la finance dont il stigmatisait les privilèges dans ses discours.

De plus, cet État lui permettait de subvenir à l'entretien sur un grand pied d'une délicieuse maîtresse : cet appartement de la rue Murillo, propriété de la Ville de Paris, lui avait été alloué au titre d'ancien résistant pour abriter une association d'aide aux veuves de la Résistance. Quant aux meubles que la comtesse Berdaiev avait choisis avec tant de goût, ils provenaient tout droit du Mobilier national, où font leurs emplettes les grands serviteurs de l'État.

Certes, il était conscient de ces avantages. Mais, outre qu'il était loin d'être le seul à en bénéficier, ne contrebalançaient-ils pas les risques qu'il avait pris dans son combat contre l'envahisseur, ses hauts faits, ses amis déportés, fusillés, torturés ? Comment comptabiliser les services qu'il avait rendus à la France et les souffrances endurées pour elle ? Et cette mobilisation incessante d'homme de gauche en faveur des classes populaires ! Celles-ci sauraient-elles jamais ce qu'elles lui devaient ? Tous ces textes de loi pour améliorer la condition ouvrière, renforcer le pouvoir syndical !

Souvent, il se comparait à Léon Blum avec ce brin de forfanterie des hommes partis de très bas qui ont accédé à une haute fortune. Il faisait un parallèle entre sa carrière si brillante, si éclatante, et la sienne plus modeste. Que de points communs : Normale supérieure, l'un et l'autre lauréats du Concours général, tous deux ardemment dévoués à l'idéal de la gauche, au progrès, unis dans une même détestation de la guerre. À partir de là, tout les séparait : lui avait dû se battre contre un destin injuste. Sa mère était mercière et son père, instituteur à Bagnolet, était infirme de guerre. Il avait poursuivi ses études comme boursier, en travaillant aux Halles, poussant des chariots de victuailles et des cageots de primeurs. Ou même comme veilleur de nuit dans un hôtel borgne de la rue Montorgueil. C'était bien loin de l'existence dorée de Blum, le porphyrogénète, l'esthète de *La Revue blanche.* Et pourtant, comme ils étaient proches, comme ils se comprenaient. Jusque dans leur admiration pour le style de Chateaubriand en dépit de cette phrase qui avait refroidi leur enthousiasme : « J'aime le peuple, je suis prêt à mourir pour lui, à la condition de ne jamais le rencontrer. » Blum avait souri, pas lui. Voilà ce qui les différenciait : la magie s'était brisée, plus jamais il n'avait relu un texte de Chateaubriand.

Évidemment, Blum n'avait jamais accédé à la présidence de la République. Parce qu'il était juif ? Divorcé ? Quelle injustice ! Parce que la grande bourgeoisie le haïssait d'avoir remis en cause un système social. Mais ce n'était pas rien d'avoir permis au peuple de prendre des vacances, de découvrir des délices ignorées, la mer, les bains de soleil, la Côte d'Azur.

Le président Marchandeau n'était pas, lui, du genre à passer avec nonchalance à côté de l'Histoire. Il ambitionnait le pouvoir suprême avec une fringale carnassière. Cette année 1958 allait être décisive. On était en mars et l'élection présidentielle aurait lieu en décembre, dans dix mois. La lutte était serrée pour prendre la succession du président Coty. Beaucoup, à gauche, certains même, au centre, le poussaient à présenter sa candidature. Cette idée chatouillait son orgueil. Il feignait d'être indifférent. En réalité, il bouillait d'impatience. Il sentait un souffle chaud venu du fond de son être, qui l'emplissait tout entier, plus violent encore que le désir amoureux.

Ce qu'il appréhendait, c'était son épouse, Édith. Toujours malheureuse, geignarde, se plaignant de tout, dépressive. Elle ne parvenait pas à s'acclimater au rôle de représentation qu'exigeait le protocole. Elle n'aimait ni les cocktails, ni les réceptions, ni s'habiller, ni le grand tralala des fastes républicains. Elle se complaisait dans une vie mesquine : elle aurait aimé continuer à faire sa petite lessive, sa petite vaisselle, son petit ménage dans un pavillon de banlieue. Elle aimait le chiche comme d'autres aiment le grand genre.

Pourtant, si pénible que fût cette disparité de leur tempérament et de leurs ambitions, il lui demeurait attaché comme à son passé populaire, désargenté. Il n'oubliait ni son courage dans la Résistance, où elle lui servait de secrétaire, ni la mère de famille dévouée. Mais pourquoi diable s'entêtait-elle à s'habiller de vêtements grisâtres et bon marché ? Et sur cette image déprimante se superposait celle de la comtesse Berdaiev dans toute la magie aérienne de son élégance et de son raffinement.

5

Éric arriva en retard rue Murillo. Il était plus de neuf heures et demie. La nuit tombait sur le parc Monceau. Des effluves de jasmin flottaient dans l'air, odeur suave concurrencée par une entêtante odeur de pipi de chat. La concierge, sourde aux plaintes, entretenait une véritable ménagerie. Éric arborait une longue écharpe rouge qui lui donnait un faux air à la Bruant. Journaliste politique reconnu, il portait avec lui une image de bohème, sans doute parce qu'il avait publié autrefois un roman, certes sans grand succès, mais qui lui conférait une réputation d'artiste aux ambitions déçues et aux rêves inassouvis qui n'était pas sans charme. Surtout auprès des femmes toujours en quête de romantisme que ne laissent pas indifférentes une abondante crinière brune et un profil intéressant. Il sortait du journal *Combat*, où il avait dû écrire un article sur les rumeurs de putsch à Alger. Il l'avait bâclé pour ne pas être trop en retard au dîner. Depuis le temps que Maria Berdaiev lui faisait miroiter cette rencontre. Il était curieux de voir enfin Leonora Drago, cette amie dont elle chantait les louanges. Le portrait qu'elle faisait de cette belle Hongroise, mariée à un prince italien, faisait flamber son imagination. Éric, qui était particulièrement inflammable sur le chapitre des femmes, savait aussi d'expérience les risques qu'on prend à se monter la tête. Tant de prétendues merveilles se muent en citrouilles, tant de fruits présentés comme délectables se révèlent aussi insipides que des concombres. Néanmoins, on ne sait jamais. Le mieux, le plus sage quand on se rend à un dîner, c'est de n'en attendre rien. Et puis, dans la catégorie des belles femmes, et c'en était une à n'en pas douter, il y a tant de sottes arrogantes, de bavardes incontinentes et de froides statues que l'esprit n'a pas l'idée de visiter.

Éric regrettait de ne pas avoir eu le temps de passer chez lui pour se changer et prendre une douche. Mais Maria Berdaiev était particulièrement maniaque sur les horaires et ses dîners ne se signalaient pas par leur décontraction. Comment serait Leonora Drago ? Allait-elle lui plaire ? Rien de plus dangereux d'annoncer comme l'avait fait Maria Berdaiev qu'elle était son genre. Et elle avait savamment distillé pendant des semaines des indices propres à piquer sa curiosité et à allumer son âme romanesque. Pas seulement cette réputation de faire des ravages auprès des hommes connus, qui dope toujours les réflexes assoupis de mâle dominant, mais l'éclat de la légende qu'elle traînait comme un sillage lumineux à Megève, à Marbella et au club Suvretta de Saint-Moritz. Éric s'interrogeait sur les raisons qui incitaient subitement Maria Berdaiev à le pousser dans les bras de son amie. Elle n'avait jamais supporté sa liaison avec Sylvie, la petite actrice avec laquelle il vivait, qui peignait comme elle, concurrence qui n'arrangeait pas les choses. Des œuvres naïves, colorées, qui avaient le mérite d'être originales, alors que les pastels de Maria, d'une excellente technique, n'avaient pas de personnalité. Elle, qui aimait que l'harmonie règne entre les êtres, n'avait de cesse de la dévaloriser aux yeux d'Éric : habilement, opérant par suggestion, elle ironisait sur son absence de talent et laissait entendre que c'était une intrigante qui ne cherchait qu'à se faire épouser. Éric ne se laissait pas impressionner : il ne cherchait nullement à éclaircir cette mésentente de femmes, dont elles-mêmes ignoraient probablement les causes.

De quel étrange alambic mental, de quelle alchimie venait cette nouvelle lubie de lui présenter son amie ? Éric ne se posait plus de questions concernant Maria Berdaiev. Il l'acceptait avec son mystère. Cette obscurité profonde que dissimulait son visage si clair. Il savait que, derrière l'amie dévouée, c'était une femme d'intrigues, une joueuse qui ne jouait pas sa partie sur un tapis de moleskine vert avec des cartes, mais avec des êtres. Et, pourtant, il la respectait pour la dignité qu'elle mettait en toutes choses. Avoir couché avec une femme fait gagner beaucoup de temps. Mais pouvait-il appeler coucherie ce qui s'était passé entre eux ? Non, vraiment, rien à voir : un de ces moments intenses que prodigue la vie pour vous donner l'illusion qu'elle ressemble à un rêve mais dont elle vous prive aussi vite.

La femme de chambre le fit entrer dans le salon. Maria Berdaiev était seule. Tandis qu'ils échangeaient quelques mots, Éric vit l'image de Leonora Drago apparaître dans le grand miroir. Il se retourna : elle était devant lui. Il se sentit happé par un sentiment violent. L'impression fulgurante que cette femme était celle qu'il avait toujours attendue. L'être aux contours indistincts qu'il avait caressé en rêve se concrétisait. D'ailleurs, loin de la sentir lointaine, elle lui paraissait proche comme s'il l'avait connue dans une autre vie. Et s'imposa à lui aussitôt avec force l'idée que, l'ayant enfin rencontrée, il n'était pas possible que cette femme n'eût pas dans sa vie une conséquence essentielle. Son émotion était si puissante devant le caractère inéluctable de ce rendez-vous qu'il ne pouvait imaginer qu'elle ne la partageât pas. Grande, plus qu'il ne l'avait imaginé, mince, souriante, épanouie, confiante dans son pouvoir de séduction, elle était étroitement moulée dans un fourreau noir qui comprimait sa poitrine. Elle semblait régner, mais d'une souveraineté douce et paisible, et un sourire un peu narquois marquait qu'elle se moquait de sa supériorité.

À leurs premières paroles, Éric sentit un lien de complicité immédiat, plus que s'ils se connaissaient déjà, comme s'ils avaient attendu avec un appétit avide de se rencontrer. Leurs yeux se parlaient, tout leur être semblait frémir d'entretenir un dialogue longtemps espéré et enfin noué. Chacun sentait le trouble de l'autre et craignait qu'un incident ne mît fin à l'entente magique qui les enveloppait. Éric, tout à l'émotion qui le submergeait, se dit à lui-même : Quel dommage qu'il faille parler.

Le dîner servi par la femme de chambre portugaise ne fit que confirmer une entente qui les isolait dans un monde qui n'était qu'à eux où ils brûlaient de se réfugier. Disait-elle un mot, il le devinait d'avance, comme si leurs jugements, leurs pensées, leurs sentiments n'avaient pas besoin de franchir leurs lèvres pour être saisis. Leonora Drago était vive, spirituelle. Même sa façon d'estropier le français donnait une saveur supplémentaire à sa conversation. Éric, stimulé par sa présence, avait l'impression de ne proférer que des banalités tant son esprit était troublé. Il fut brillant, manifestant une fièvre et un enthousiasme dont Maria Berdaiev ne pouvait ignorer la véritable cause. À chacune de ses reparties, elle voyait avec dépit s'allumer dans les yeux de son amie une étincelle qui l'accablait. S'étant d'abord réjouie du succès de sa présentation, elle se sentait, au fur et à mesure que le dîner avançait, rejetée, mise à l'écart, traitée comme quantité négligeable. Ces deux êtres qu'elle avait réunis n'avaient plus besoin d'elle. Comment Éric, qu'elle avait connu si amoureux d'elle, parlant de suicide si elle l'abandonnait, pouvait-il maintenant lui manifester cette froideur ?

À un moment, l'indifférence de ses invités envers elle lui parut tellement insupportable qu'elle ne put s'empêcher de manifester sa contrariété, contrariété dissimulée sous le ton badin de la plaisanterie : « Vous vous entendez si bien que je crois que je vais vous laisser. »

Sa phrase tomba à plat. Ni Éric ni Leonora Drago, qui avaient lâché les amarres avec la réalité, n'entendirent le sens de ces paroles. Ils étaient isolés, hors du monde, n'entendant qu'eux, ne pensant qu'à eux. Ils vivaient dans une sorte de ravissement, songeant avec un mélange de bonheur et de crainte à cette fatalité qui les entraînait, à laquelle ils ne pouvaient se soustraire.

Leonora Drago était grisée par l'émoi qui s'emparait d'elle. Il lui semblait que son existence, si morne ces derniers mois, reprenait un sens. Elle avait subi un choc en apprenant que son mari — dont les infidélités d'un soir ne l'émouvaient plus — la trompait depuis longtemps avec une présentatrice de la RAI et que celle-ci était enceinte. Si déçue fût-elle par la conduite de son mari, pour lequel elle n'éprouvait plus qu'une maussade affection conjugale, l'idée de le tromper vraiment en tombant amoureuse d'un homme ne lui était pas venue à l'esprit. D'écarts, elle n'avait connu que ces rencontres d'un soir avec un étalon de Courchevel ou de Forte dei Marmi sans que jamais le cœur n'y eût sa part. En acceptant de rencontrer Éric, elle avait songé à se venger. Maintenant, cette idée lui semblait dérisoire et bien médiocre en comparaison du sentiment qui la bouleversait.

Sous la fausse gaieté qu'elle manifestait, Maria Berdaiev les regarda partir avec un sentiment de fête gâchée. Se peut-il qu'on soit l'instrument de sa propre souffrance sans comprendre soi-même pourquoi ? Voyant qu'Éric avait oublié dans l'entrée son écharpe rouge, elle hocha la tête d'un air navré. Son agacement n'était pas dû à l'incorrigible distraction de son ami : elle ne savait que trop bien pour quoi et pour qui il avait la tête ailleurs.

Éric raccompagna Leonora Drago à l'hôtel Meurice. Au bas de l'hôtel, il lui prit la main. Quand il voulut l'embrasser, elle lui concéda un bref baiser sur les lèvres.

— Déjeunons plutôt demain chez Angelina. Je suis libre toute l'après-midi.

Merveilleuse désinvolture des belles femmes riches qui ne peuvent imaginer qu'on ne passe pas autrement ses après-midi.

Éric, dévorant les heures, y était déjà.

6

Quand Éric rentra chez lui, rue Maubert, en proie à une grande agitation, Sylvie dormait. Du moins le croyait-il. Elle feignait de s'être assoupie mais observait ses faits et gestes pour tenter d'en obtenir des indices sur la soirée qu'il avait passée. Quand il se glissa dans le lit, il éprouva un malaise : la culpabilité le tenaillait. Pire que s'il l'avait déjà trompée. Certes, l'acte n'avait pas été commis mais ce n'était pas faute de le désirer. Éric ne pensait qu'au moment où il pourrait étreindre Leonora Drago. Et ce corps inerte près de lui, devenu étranger, le gênait pour s'abandonner complètement à sa rêverie amoureuse. Il lui semblait occuper dans le lit une place démesurée, sans rapport avec la présence si discrète, si menue de Sylvie. C'était comme si cette présence contenait une menace maléfique et suggérait le gouffre de mensonges, de souffrances et de déchirements vers lequel il s'acheminait. Quelle fatalité s'abattait soudain sur lui ! Pourquoi cette femme surgissait-elle dans sa vie pour la bouleverser alors qu'il jouissait avec Sylvie d'un bonheur calme, sans nuage, qui le satisfaisait ? Il n'avait rien à reprocher à cette jeune actrice qui n'avait aucun des défauts qu'on prête à ses semblables — elle n'était ni volage ni en proie au narcissisme —, mais au contraire lui apportait un réconfort et la stabilité qui lui manquait.

Allait-il lui avouer la vérité ? Pas par loyauté ni honnêteté, mais parce qu'il brûlait de parler de sa rencontre avec Leonora Drago. Et qui eût mieux pu comprendre son emballement que Sylvie qui le connaissait si bien ? Hélas, c'était impossible. Et cette contradiction lui était douloureuse. Il eut du mal à s'endormir.

Tandis qu'il rêvait à Leonora Drago dans un état délicieux d'apesanteur entre le souvenir de sa soirée et les délices imaginées de leur prochain rendez-vous, il entendit la voix de Sylvie qui le glaça.

— Arrête de t'agiter !

Elle se tut et reprit avec ce sens des réalités qui l'exaspérait mais qui, cette fois, blessa son rêve :

— N'oublie pas que nous déjeunons avec tes parents demain !

Il ne répondit pas. Il sentait monter en lui une détermination impitoyable. Quelque mensonge qu'il dût faire, rien, absolument rien, ne l'empêcherait de voir

Leonora Drago. Aucun obstacle ne pourrait freiner l'appétit avide qu'il avait de la voir. Ce rendez-vous, qui lui semblait fixé par le destin, il ne pouvait s'y soustraire.

7

La comtesse Berdaiev se sentit envahie par une vague de tristesse. Le départ d'Éric et de Leonora Drago la rendait à la pire des solitudes. Loin de se réjouir du succès du dîner qu'elle avait patiemment organisé, elle éprouvait le sentiment amer d'avoir agi contre elle-même. Pourtant, Dieu sait que rien chez elle n'était irréfléchi. Elle se méfiait de la spontanéité, des élans incontrôlés. Sa générosité, le souci constant qu'elle avait de ses amis, et les bienfaits qu'elle avait à cœur de rendre autour d'elle, ne l'empêchaient pas d'être une calculatrice. Aussi analysait-elle sans cesse les conséquences de ses actes. Elle savait que tout a une signification : le choix d'un ami, d'un meuble, d'une invitation à dîner. Alors pourquoi n'avait-elle pas réfléchi au désagrément que pourrait lui procurer ce dîner qu'elle avait ménagé ? Le but était de mettre Éric en présence de Leonora Drago, et il était dans l'ordre des choses qu'ils se plaisent et même couchent ensemble. Mais elle n'avait pas prévu qu'ils s'entendraient à ce point ni d'une manière aussi fulgurante. Ni qu'elle en serait à ce point meurtrie.

Elle avait connu Éric en 1950 à Ibiza. Elle s'appelait alors Lydie Darnell, son pseudonyme d'actrice avec lequel elle avait connu son heure de gloire sous l'Occupation, quand elle travaillait pour la Continental Films.

Elle avait échoué dans cette île perdue des Baléares en compagnie d'un producteur qui lui proposait un rôle dans un film de Jacques Becker. Après avoir accepté de partir en croisière à bord de son yacht, elle avait résisté aux avances de ce grand type maigre, osseux, sans charme ni conversation ; jusqu'au soir où, de guerre lasse, après avoir bu quelques coupes de champagne pour se mettre en train, elle s'était abandonnée. Mais c'est la virilité du producteur qui avait vacillé. Ce qui l'avait mis en rage. Après l'avoir insultée et giflée, l'accusant d'être responsable de sa défaillance, il l'avait abandonnée, elle, le yacht, et le soleil d'Ibiza, sous prétexte d'un accident de voiture survenu à sa fille. Par un reste de galanterie, il avait prétendu lui avoir loué pour dix jours une vaste chambre dans le plus bel hôtel de la ville, le Corsario, une bâtisse de style mauresque.

La chambre, très vaste, avait la particularité d'avoir été construite autour d'un monumental rocher en granit qui donnait à la pièce un faux air de grotte. Elle goûtait le bonheur d'être seule, s'enivrant sur la terrasse chaulée de la magnifique vue qui s'étendait à ses pieds : les maisons blanches qui dégringolaient jusqu'au port et, au-delà, la mer qui prenait à chaque heure des teintes différentes. Pendant la journée, elle évitait le soleil meurtrier, attendant le soir pour descendre dans la ville sonore qui sentait l'huile chaude, le piment et la poussière. Elle était heureuse. Pourtant, comme l'avenir lui semblait sombre !

Un couple d'Anglais très chics, très secs, vêtus de lin

blanc, et pommadés de talc Yardley, qui occupait la chambre voisine, voulait à tout prix meubler sa solitude. Ils l'entraînèrent prendre un verre en ville sous les arcades de l'hôtel Montesol. C'était le rendez-vous de tout ce que l'île comptait de personnalités excentriques, de marginaux, de faux peintres et de véritables dignitaires nazis venus se blanchir avec la bénédiction de Franco. Ceux-ci et leurs pareils de la migration teutonne étaient reconnaissables à la teinte brique de leur visage antipathique au soleil, à leurs yeux d'un bleu profond de mer Baltique, et à leurs chants bruyants qui retentissaient dans l'arrière-salle du restaurant le Delfin Verde où ils communiaient dans la bière et la nostalgie du grand Reich.

L'Anglais, sir Oliver Campbell, était un tory, qui avait démissionné de son poste de chancelier de l'Échiquier lorsque le Premier ministre, Anthony Eden, avait décidé, contrairement aux accords signés, de livrer aux Soviétiques les soldats de la division du général Vlassov détenus à Prague. Maria avait frémi en entendant ce nom de Vlassov qui l'avait touchée de si près à travers Vassili, le meilleur ami de son frère. Si courageux qu'il se soit montré sur le plan politique, l'aristocrate anglais et sa pimpante épouse semblaient avoir des mœurs aussi libérées que leur maintien était cérémonieux et compassé. Ils laissaient entendre qu'ils étaient des adeptes du naturisme, du paganisme tantrique et que, à l'instar du très honorable Duff Cooper, ambassadeur de Sa Majesté à Paris, à la moustache coquine, et de sa femme lady Diana, ils étaient tentés par l'expérience du triolisme. Un soir, il lui avait proposé de prendre un dernier verre dans leur appartement. Maria Berdaiev avait poliment éludé la proposition, avec ce sourire si efficace qui donnait à l'interlocuteur l'impression que, si elle ne concédait pas à entrer dans ses plans, elle était néanmoins flattée qu'on les lui ait proposés.

Sous les arcades du Montesol, avec le couple d'Anglais toujours à la recherche d'une belle esseulée favorable à leur projet libertin, Maria Berdaiev avait remarqué un beau jeune homme brun, à la chevelure en désordre, qui écrivait sur un cahier d'écolier, indifférent au bruit de la rue, à la chaleur et au vent chaud qui poussait sous les arcades des nuages de poussière dorée. Ce n'était pas tant son physique agréable qui l'avait frappée que sa ressemblance étonnante avec Anton, son frère jumeau. Elle avait ressenti un choc, croyant le retrouver. Ce qui était impossible puisqu'il était mort. La disparition de ce frère si vivant, pétillant de gaieté, dans des circonstances tragiques, avait jeté un voile noir sur sa vie et sur l'existence de sa mère, la princesse Oborov, qui ne s'en remettait pas.

Le lendemain, Maria Berdaiev était retournée seule sous les arcades du Montesol dans l'espoir d'apercevoir l'inconnu. Il était là, plongé dans son cahier d'écolier. Elle y avait vu un heureux présage. Elle alla s'asseoir à la table voisine de la sienne. Il noircissait les pages, insensible au bruit des conversations. Elle hésitait à le déranger. Dès qu'il leva les yeux de son cahier, il l'aperçut et lui adressa un sourire.

Elle fit le premier pas.

— Vous n'êtes pas dérangé par le bruit pour écrire ?

— Non, au contraire, j'aime sentir la présence de la vie.

— Vous écrivez un livre ?

— C'est beaucoup dire, j'aligne des mots sans savoir où je vais.

Elle fut tentée de lui répondre, songeant au calamiteux désordre de sa vie : « Et moi, croyez-vous que je sais où je vais ? »

— Vous voulez entreprendre une carrière d'écrivain ?

Elle regretta cette phrase gauche, trop sociale, mondaine, qui n'était pas digne de l'artiste qu'elle était elle aussi. Comme s'il s'agissait de carrière quand on tente de saisir le feu qui vous dévore ! Mais était-ce sa faute si elle était émue en retrouvant la réplique presque exacte de ce frère qui comptait tant pour elle ? Parfois, leur ressemblance était si grande qu'elle se demandait s'il n'allait pas se lever et proclamer en russe des vers de Pouchkine ou le début d'*Eugène Onéguine*.

— Je dirais plutôt que je m'engage résolument dans une carrière de raté.

Cette hésitation sur lui-même, ces doutes lui rappelaient aussi le caractère d'Anton. Comment avait-il pu, lui si sceptique dans la vie, si irrésolu, si nonchalant, trouver tant de force dans son dernier combat et tant de résolution devant la mort ?

Elle détestait l'orgueil des hommes, leur vanité de coq, elle n'était sensible qu'à la faiblesse. Combien d'hommes sont assez forts pour avouer leurs faiblesses ? À cet instant, elle comprit qu'elle ferait tout ce que cet inconnu lui demanderait. Elle était prise. Et c'est comme si la médiocrité honteuse des derniers jours s'effaçait et qu'un ciel pur s'ouvrait devant elle. Elle entendit qu'il l'interrogeait :

— Vous connaissez le Lola's ?

C'était une sorte de bar dansant situé sous les remparts

où des chanteuses de flamenco faisaient entendre leurs mélopées chantées d'une voix rauque, tandis que tous les trafics se nouaient devant un verre de tequila. Elle pensa : J'irais n'importe où avec lui.

Ils s'y retrouvèrent, dansant serrés l'un contre l'autre, buvant à petites gorgées de la tequila, l'esprit ailleurs. Ce qu'ils savaient — ils en avaient une conscience aiguë —, c'est qu'ils quitteraient bientôt les fumées opiacées du Lola's, déambuleraient dans les rues sonores du vieux port qui sentaient la friture et le poisson pourri, et qu'ils passeraient la nuit ensemble dans la chambre du Corsario en compagnie du rocher de granit.

Tout se passa ainsi. Arrivés dans la chambre, ils gagnèrent la terrasse qui surplombait les lumières du port, où elle pouvait distinguer, comme un mauvais souvenir, le yacht du producteur, toujours là, abandonné comme elle. Ils s'étreignirent sous les étoiles. Et ce fut comme s'ils se retrouvaient après une très longue absence. Ils s'abandonnèrent à la folle inspiration de leurs corps, comme s'ils n'avaient pas assez de mains, de doigts, de bouches, pour se posséder.

Et cette nuit dura une semaine. Le matin, ils allaient en voiture dans les criques de rochers plats de San Antonio ou en face du rocher Vedra. Ils se baignaient, s'embrassaient, heureux de regagner l'ombre fraîche de la chambre du Corsario.

Alors qu'ils prenaient un café *con leche* sur l'odorante place du marché, Maria Berdaiev annonça à Éric, interloqué :

— Mon bateau part ce soir. J'ai mon billet pour Barcelone.

— Vous partez pour longtemps ?

— Pour toujours !

— Quand vous reverrai-je ?

— Jamais !

Elle se tut et reprit :

— À moins que vous n'acceptiez ce qu'un homme n'accepte jamais.

Elle le regardait, curieuse de savoir comment il allait réagir à sa proposition.

— À la condition que nous nous voyions seulement en amis.

— Mais c'est absurde, Maria !

Il l'accompagna au bateau. L'énorme paquebot emplissait tout le port. Il l'aida à porter ses bagages dans un tohu-bohu de voyageurs chargés de valises rafistolées avec des ficelles, de paysans tenant des poulets vivants attachés. Dès que le bateau s'éloigna du quai, un soleil rouge apparut sur l'horizon. Selon la coutume locale, les passagers qui se pressaient dans les coursives déroulaient de longs rouleaux de couleur dont l'extrémité était reliée aux amis qui, du quai, leur disaient au revoir. Éric et Maria Berdaiev restèrent un long moment à tenir un ruban de papier. Pour retarder l'instant où il allait se rompre, Éric marcha d'un pas rapide sur la jetée. Un à un les rubans se brisaient, tombant dans l'eau sombre du port, donnant une lugubre impression de fête qui s'achevait. Toute vêtue de blanc, élégamment chapeautée, Maria Berdaiev continua à lui faire des signes de la main bien après que le grand ruban qu'ils tenaient se fut rompu. Puis le bateau disparut à l'horizon et le soleil rouge se noya dans la mer.

Marchant solitaire sur le quai aux pavés disjoints,

dans l'odeur entêtante de la saumure que dégageaient des filets de pêche en train de sécher, Éric tentait de comprendre la bizarre exigence de Maria Berdaiev. Il ne trouvait qu'un mot, toujours le même, qu'il se répétait : Absurde, absurde…

Il monta sur le promontoire pour voir s'il distinguait encore le bateau. Mais la nuit recouvrait tout. Il se dit avec cette forfanterie virile qui ne disparaît jamais tout à fait du cœur d'un homme : Qu'importe, c'est une promesse qu'elle ne tiendra pas. Il se répéta : Elle ne la tiendra pas.

Il avait tort : cette promesse, elle la tint.

8

Claudine prit le métro à la station Saint-Sulpice. La rame était bondée et sentait la sueur et le patchouli. Comme d'habitude elle dut jouer des coudes pour repousser les vieux cochons qui se pressaient contre elle. Elle arriva en retard à son rendez-vous — ça ne changeait rien : en retard, elle l'était toujours — dans le studio de Bob Hollander. Bob s'appelait en réalité André et son véritable patronyme était Grenier. Mais, quand on veut faire carrière dans la photo, un nom aux consonances anglo-saxonnes, ça sonne mieux. Et puis il avait eu une sale affaire de mineures un peu bousculées lors d'une fête trop arrosée chez un promoteur immobilier de Garches. Les parents d'une fille avaient déposé plainte. Le promoteur s'en était tiré en payant et on lui avait tout mis sur le dos. Son nom avait été cité dans la presse. Alors adieu André Grenier et vive Bob Hollander.

La photo ne marchait pas fort en ce moment. Et cette histoire déplaisante l'avait grillé dans les grands magazines de mode. Il avait commencé à *Vogue* et maintenant il en était réduit à faire des piges pour des journaux de lingerie. Et à des travaux très bien payés mais pas très reluisants et même risqués pour des revues spéciales vendues sous le manteau.

C'était un beau grand garçon brun, hâbleur, jouisseur, bonimenteur, qui avait le don de se faire des amis. Avec lui, on ne s'ennuyait jamais. Il savait comme personne donner du piquant à la vie. Aussi, ses amis lui pardonnaient volontiers ses fréquentations un peu louches. Il ne triait pas ses copains. Ça allait des relations dans les milieux les plus chics comme la comtesse Berdaiev, le président Marchandeau, quelques acteurs célèbres ou de grands pontes de la chirurgie rencontrés dans des soirées sur lesquelles mieux valait jeter un voile pudique, jusqu'à des affairistes, des financiers véreux et des aigrefins qui trafiquaient dans l'industrie des films pornographiques. Et même Franck Gili, un policier des Renseignements généraux qui débarquait souvent pour se rincer l'œil pendant les séances de photo olé olé.

Pourquoi la comtesse Berdaiev le voyait-elle ? Il était suffisamment malin pour être discret. C'est la leçon qu'il avait retenue des soirées galantes qu'il fréquentait. Le silence est le meilleur des passeports pour la vie, selon le vieil adage du milieu. Parler, se vanter, expose à bien des désagréments. Il y en a même qui sont morts pour ne pas avoir su garder leur langue. Il souriait tout seul en pensant à la comtesse Berdaiev, cette comtesse si digne, si belle, si imposante, à la couverture sociale si convenable ! Personne ne pouvait imaginer qu'elle avait fréquenté son studio après la guerre. Il en gardait des témoignages enfermés dans son coffre, des photos qui, un jour, on ne sait jamais, vaudraient de l'or.

Quand il vit Claudine, Bob devina à son expression chagrine qu'elle avait des problèmes. Il l'interrogea. Elle avoua le vol mais passa sous silence l'épisode du tournevis planté dans la poitrine du vigile.

— Quelle idiotie de piquer des culottes !

Claudine se mit à pleurer. Elle reniflait bruyamment. Pas tellement parce qu'elle regrettait son geste : elle se trouvait idiote de s'être fait prendre. Bob détestait les larmes chez les femmes. Il n'aimait que leurs rires, leurs plaisanteries, leurs gloussements dans le plaisir. Leur chagrin l'exaspérait.

— Viens, je t'emmène dîner dans un restaurant chinois. Après, on fera un câlin.

Voilà comment en homme simple il concevait la vie et résolvait tous les problèmes.

9

Le commissaire décida de téléphoner au procureur Mabin. Le soleil illuminait l'église Saint-Sulpice. Le portail était encore revêtu d'une tenture noire, décidément on mourait beaucoup en ce moment, sur laquelle on pouvait lire la lettre « R. » Bientôt le glas funèbre résonna. Le commissaire se sentait toujours mal à l'aise avec le procureur. Celui-ci semblait l'écouter sans vraiment l'entendre, sans jamais lui manifester la moindre considération. Et le commissaire, qui avait conscience du fossé social et culturel qui sépare les nouveaux venus de province des Parisiens de souche, ne se sentant pas en confiance, s'efforçait de dissimuler son accent en parlant pointu. Il s'exprimait mal, bafouillait, boulait les mots. Ce qui amenait le procureur à le reprendre d'un ton pète-sec de maître à élève. Cet agacement du procureur à son égard peinait le commissaire qui, sentimental, aurait aimé créer un lien plus chaleureux que la froide componction professionnelle qui était de mise entre eux.

Ils avaient déjà eu l'occasion de travailler ensemble sur un dossier difficile et vraiment à haut risque celui-là : la disparition de l'ataman Margenski. Il se demandait encore quel avait été le rôle du procureur dans le classement de cette affaire. Était-ce lui ou le juge d'instruction Gosselin qui avait décidé d'enterrer un dossier aux lourdes implications diplomatiques ? Manifestement, on s'était beaucoup agité en haut lieu. Mais on avait regardé ses observations avec condescendance, comme s'il était mal débarbouillé de ses pratiques provinciales et ignorait comment on mène les dossiers importants à Paris. Il avait vite compris qu'il n'avait rien à gagner à manifester son étonnement sur le peu d'empressement des autorités constituées à faire la lumière sur cette disparition. Mieux valait ne pas trop s'interroger sur la paresse administrative à délivrer des commissions rogatoires et la nonchalance avec laquelle on avait procédé à l'audition des témoins.

Au bout du fil, le procureur écoutait le récit du commissaire en ponctuant d'un « bon » agacé chacune de ses phrases comme s'il voulait lui signifier qu'il n'avait pas que ça à faire, que son temps était précieux et qu'il ne portait pas un intérêt majeur à ce vol de petites culottes et de porte-jarretelles. Quand le commissaire qui prenait son temps, sachant qu'il avait un atout en main, prononça le nom du président Marchandeau, cité dans la procédure, le procureur lui fit répéter le nom d'un ton cette fois intéressé. Puis il laissa planer un long silence. Au point que le commissaire crut que la communication était interrompue. Il entendit à nouveau s'élever la voix sépulcrale du procureur : « Adressez-moi le procès-verbal, j'aviserai. » Puis, comme s'il s'adressait vraiment à un débutant, il assortit cet ordre d'un conseil : « Le mieux, vous vous en doutez, est que tout cela ne s'ébruite pas. »

Le commissaire avait beau être rabroué par le magistrat, il gardait un instinct servile. Il voulut se faire bien voir du procureur en lui offrant une porte de sortie dans l'éventualité où il souhaiterait se dégager de l'affaire : « D'autant, monsieur le Procureur, que cette fille peut tout aussi bien être une mythomane. Comme beaucoup d'adolescents. » Il n'était nullement gêné, en prononçant ces paroles mielleuses, d'avoir constaté la réalité de la carte de visite : il savait que, dans son dur métier, les pièces à conviction, comme tout dans la vie, peuvent s'égarer, se perdre ou être malencontreusement détruites.

Le procureur prit bonne note de cette dernière information qu'il porta sur un carnet. Et, sans témoigner la moindre chaleur au commissaire, il mit fin à la conversation par un « J'attends le dossier ». Et il raccrocha.

10

L'esprit du procureur, depuis qu'il avait entendu prononcer le nom du président Marchandeau, était aux aguets. Exactement comme les chiens de la chasse à courre à laquelle il participait régulièrement quand ils sentent la présence du cerf. Il envisageait toutes les possibilités dans la forêt des hypothèses et les traces suspectes qu'il faudrait dénicher dans les buissons de la procédure. Cette procédure, il y pensait avec exaltation. C'était une magnifique invention. Grâce à elle — il avait le sentiment d'en jouer en virtuose —, on pouvait affronter toutes les situations, des plus simples aux plus délicates. Un instrument aussi subtil qu'un Stradivarius.

Le procureur se glissa un trombone dans l'oreille, qu'il retira ensuite avec précaution. Il jeta un regard intéressé sur la boule de cérumen qu'il en avait extraite et la renifla : les effluves forts de la cire l'étonnaient toujours autant, comme lorsque lycéen, à Rouen, il procédait à la même opération.

Le nom qui venait d'apparaître lui posait un de ces problèmes qu'il adorait résoudre. On croit naïvement que la justice se limite à séparer l'innocent du coupable, non, elle résout des équations. Pourquoi le nom d'un homme aussi important apparaissait-il dans une affaire à laquelle il n'aurait jamais dû être associé ? Il fallait avoir de l'imagination. Un nom comme celui-là, c'était une véritable bombe dans une procédure. Une bombe qui pouvait exploser ou non. Ou une bombe à retardement. Il pensa aux bombes lancées pendant la guerre par les B52, ensevelies dans la région de Dieppe où ses beaux-parents possédaient une propriété, bombes qui dormaient paisiblement sous terre sans que personne ne songeât à les réveiller.

Le procureur, en dépit de son ton cassant avec le commissaire et de son autoritarisme envers ceux qu'il jugeait ses inférieurs, était un homme plutôt débonnaire dans sa vie privée. Il aimait la bonne vie, la bonne chère et l'activité physique nécessaire à l'hygiène de son grand gabarit. Son sport préféré était la chasse à courre dans l'équipage que possédait sa belle-famille. Il avait fait un beau mariage avec la descendante d'un maréchal d'Empire qu'il avait connue sur les bancs de la faculté de droit à Rouen. Il avait pour la famille de sa femme une véritable dévotion. Tyran au Palais, il était à son tour tyrannisé par son épouse et par son beau-père, qui ne ratait aucune occasion de lui manifester qu'il ne devait son mariage inespéré qu'à sa mansuétude devant une mésalliance. Et qu'il lui fallait se montrer digne de la chance qu'il avait eue, lui, fils d'un petit entrepreneur en bâtiment, de s'allier avec la descendante d'un héros que l'Empereur, qui le chérissait particulièrement, avait placé au plus haut rang de ses compagnons d'armes. Une famille qui, par ailleurs, était l'une des plus riches de Normandie. Son snobisme était si fort et si grand son complexe d'infériorité sociale envers ses beaux-parents qu'il comptait pour rien d'avoir obtenu ses bachots à quinze ans avec une mention et d'avoir été salué par ses professeurs comme l'un des plus brillants élèves de la faculté de droit. Pour complaire à son terrible beau-père, il s'était converti à la religion réformée pour être plus apte à communier avec les valeurs de sa nouvelle famille. On ne lui avait guère laissé le choix. Sans fortune, sans nom et pour comble papiste, il n'y avait pas à barguigner.

Pour se faire bien voir mais aussi par goût personnel, il s'était mis à acquérir en salle des ventes et chez les antiquaires tous les objets, armes, pistolets, sabres, sabretaches, qui avaient appartenu à l'illustre maréchal. Peu à peu, il lui semblait que cet ancêtre était devenu le sien.

Comme magistrat du siège, le juge Mabin offrait une tout autre figure. Il se composait un masque autoritaire, fermé, austère. Il se montrait, dans ses fonctions, laconique et plein de componction. Il abandonnait vite ce personnage avec ses confrères quand ils allaient place Dauphine boire du beaujolais pour fêter une promotion ou se taper la cloche dans les restaurants du quai des Grands-Augustins.

En matière de justice, il ne plaisantait pas. Pour lui, celle-ci ne consistait pas à châtier les coupables et à reconnaître les innocents, condition nécessaire mais non suffisante, elle avait une vocation supérieure dont les magistrats de Vichy étaient pénétrés et que l'esprit démocratique de la Résistance avait tenté de dévoyer. L'essentiel, ce n'était pas tant les individus, coupables ou innocents, qu'importe, c'était que l'ordre public et donc l'État règnent dans toute leur majesté. C'est pourquoi il jugeait que tout ce bruit des intellectuels autour de l'affaire Dreyfus n'avait pas lieu d'être. Il jugeait sévèrement les membres du tribunal militaire moins pour leur verdict que pour leurs maladresses de procédure. Il se répétait souvent cette admonestation de Robespierre aux membres de la Convention lors du procès de Louis XVI : « N'oubliez pas : vous n'êtes pas des juges, vous êtes des hommes d'État. »

C'est pourquoi il n'avait pas eu le moindre état d'âme lorsqu'il avait dû prendre des décisions difficiles concernant la disparition de l'ataman Margenski.

L'affaire d'aujourd'hui était moins grave. Fallait-il ou non faire désigner un juge d'instruction ? Rien ne pressait. Mais il ne fallait pas non plus être pris en défaut. Il songea à un certain nombre de juges mais peu lui semblaient « sûrs », c'est-à-dire malléables, ouverts à ses conseils, ne voulant pas « mettre le feu à la boutique », selon l'une de ses expressions favorites. Il songea au juge Gosselin qui, justement, dans l'affaire de l'ataman avait fait montre de beaucoup de compréhension. Bien sûr, la décision de le désigner n'était en principe pas de son ressort. Mais il se faisait fort de convaincre le doyen des juges d'instruction que cette désignation s'imposait au bon sens.

11

Ce qu'ignorait le procureur Mabin, tout gonflé du sentiment de sa supériorité, c'est que le juge Gosselin avait gardé le plus mauvais souvenir de leur collaboration dans le dossier de l'ataman. Collaboration était d'ailleurs un euphémisme touchant la conception autocratique que le procureur avait de son rôle. Catholique pratiquant, ravagé de remords, le juge Gosselin ne se pardonnait pas sa conduite si veule en face des pressions de sa hiérarchie. Il avait pourtant des excuses : sa femme, atteinte d'artériosclérose, était alors quasi impotente ; elle était morte depuis. Quant à ses deux fils, l'un avait décidé d'ouvrir un restaurant végétarien qui était en train de faire faillite, et l'autre dirigeait une plantation de thé en Indonésie. Il avait été impliqué dans une désagréable histoire de tricheries dans les paddocks qui, heureusement, grâce à la solidarité judiciaire, avait été mise sous le boisseau. Mais la Chancellerie savait. Il avait un dossier. Difficile avec tout ça de résister aux objurgations paternelles des grands manitous qui tirent les ficelles place Vendôme.

Il était entré dans la magistrature à la suite d'un bizarre concours de circonstances. À la fin de ses études de droit, alors qu'il préparait l'examen d'entrée au barreau, il avait connu une violente déception amoureuse. Béatrice, la jeune fille qu'il aimait, avec laquelle il était fiancé, l'avait subitement quitté, lui préférant son cousin germain, Ambroise, qu'il avait eu la sottise de lui présenter. Pourquoi avait-il éprouvé le besoin de les mettre en présence ? Sans doute par vanité, parce qu'il était fier d'être fiancé à une si jolie fille et qu'il voulait se venger des humiliations que lui avait fait subir ce cousin riche en lui montrant la perle qu'il avait conquise. Mais Béatrice, sensible à l'attrait de l'argent, avait rompu et épousé derechef le cousin.

Le temps avait beau passer, il ne s'était jamais consolé.

Tout lui rappelait le bonheur perdu. Cette double trahison, celle de sa fiancée, celle de son cousin, l'avait conduit à une sévère dépression nerveuse. Il ne se nourrissait pas, n'avait plus de goût à rien et songeait au suicide. Un matin, alors qu'il assistait à la messe à l'église Saint-François-Xavier, il avait eu la révélation de la foi et avait décidé de devenir moine. Il avait choisi de se préparer au noviciat chez les bénédictins du monastère de Pietracorbara en Corse, une bâtisse austère dans la montagne au-dessus du village de Lumio, à quelques kilomètres de Calvi.

Au bout de deux années consacrées à la méditation et à la prière en face d'un des plus beaux paysages du monde, il s'était réveillé un matin avec un sentiment troublant : il n'avait plus la foi. Sans fortune, presque sans famille, il avait passé l'examen du barreau où il avait été reçu. C'est après cet examen, au café Danton, qu'il avait rencontré une jeune fille qui était l'exact opposé de Béatrice : le visage chevalin, osseuse, d'un caractère revêche, confite en bénitier. Il s'était attaché à elle pour une raison qu'il n'osait s'avouer : celle-là au moins ne risquait pas de l'abandonner pour un cousin, comme l'autre. Ce qu'il souhaitait avec Geneviève, c'était fonder une famille pour échapper à la solitude et créer des liens d'affection indissolubles. Très vite, la profession d'avocat lui avait paru manquer de perspective. Il ne parvenait pas à défendre ses clients : leurs turpitudes, leurs crimes, leurs adultères le dégoûtaient.

C'est ainsi qu'il était entré dans la magistrature. Il n'avait plus à défendre les criminels et les délinquants mais à les punir. Il croyait à la vertu de la punition. Il pensait que, dans la souffrance du châtiment, l'homme coupable reprend conscience de sa dignité. Cette méthode de la schlague, du martinet et du cabinet noir ne s'était pas révélée probante dans l'éducation de ses enfants.

Dans cette vie professionnelle si peu affriolante, qui ne lui réservait que peu de douceur, il retrouvait une correspondance avec l'austérité de la vie monastique. Ses relations avec ses confrères étaient tout aussi barbelées que celles qu'il avait connues avec les moines chez lesquels la fraternité ne règne pas toujours. Les crimes, les délits sexuels, les viols qui étaient son lot quotidien lui répugnaient tout en exerçant sur lui une sombre fascination. C'était pourtant cette boue qui participait à l'âme humaine pour laquelle le Rédempteur s'était sacrifié.

Il avait particulièrement pris à cœur l'affaire de l'ataman Margenski. Ce brave colonel, héros de l'Armée blanche de Wrangel, ne s'était tout de même pas évaporé tout seul. Il avait patiemment reconstitué son emploi du temps jusqu'au rendez-vous qu'on lui avait donné à la brasserie La Coupole. Il devait y rencontrer un mystérieux émissaire de l'ONU auquel il devait confier le dossier minutieux qu'il avait constitué sur les agissements du NKVD et du Guépéou sur le territoire français ainsi que sur les complicités dont ils bénéficiaient. Les garçons de café, la caissière de la brasserie, le marchand de journaux qui avait vu l'ataman prendre place dans une Citroën noire en compagnie de deux hommes dont ils avaient donné une description détaillée, tous avaient apporté des témoignages concordants. Et ce dossier si lourd de preuves accablantes s'était volatilisé. Comme l'ataman lui-même, dont personne ne pouvait croire, comme certains journaux l'affirmaient, qu'il était parti courir le guilledou. Le juge Gosselin se sentait coupable. Il était bien le seul. Pour ses collègues indifférents, c'était la routine. Et lui seul en souffrait.

12

La comtesse Berdaiev arriva sous une pluie battante à Sainte-Geneviève-des-Bois. La DS noire du président Marchandeau conduite par Roger avait mis une demi-heure pour la conduire dans ce village où s'était réfugiée la colonie russe. Déposée devant la petite église orthodoxe à coupole, elle avait l'habitude de s'y recueillir, d'allumer un cierge et de se laisser imprégner par cette atmosphère de dévotion qui l'émouvait toujours. Ce n'était pas la foi qu'elle n'avait pas qui la motivait, mais un très fort sentiment d'appartenance à une communauté. Ici, elle était chez elle, dans sa vraie patrie. Ensuite, elle irait déjeuner avec sa mère, la princesse Oborov, dans sa petite isba en meulière à un jet de pierre du cimetière, russe lui aussi, bien entendu, avec ses tombes si simples, au milieu des arbres, surmontées de croix orthodoxes. « J'ai voulu me rapprocher de ma tombe, répétait la princesse, comme ça, je n'aurai pas beaucoup de chemin à faire. » Mais cet humour visait à dissimuler la demi-indigence dans laquelle elle vivait. Car de la fortune de sa famille — celle-ci possédait toutes les terres et les immeubles de Nijni Novgorod —, elle avait tout perdu, sauf son allure, son port de tête souverain, sa culture encyclopédique, son capital de langues étrangères et sa foi dans la résurrection de la Russie. Personne n'était plus respecté dans la communauté russe. On admirait la force de caractère avec laquelle elle avait affronté la tourmente révolutionnaire et les malheurs privés qui s'étaient abattus sur elle. La mort de son fils Anton, la plus cruelle, celle de son mari, le prince Oborov, la disparition de son vieux compagnon, l'ataman Margenski. Jamais aucune plainte n'était sortie de sa bouche.

Elle livrait un combat singulier avec le destin. Il l'avait provoquée. Elle voulait montrer qu'elle serait la plus forte : plus forte que les assassins du tsar et de sa famille, plus forte que Staline et tous ses complices dont l'Occident laissait les crimes impunis. Parfois, elle songeait au prophète Job si durement éprouvé par Yahvé. Comme lui, elle ne comptait plus les misères qu'elle avait endurées sans qu'aucune ne réussisse à entamer sa foi en une vérité qui jaillirait un jour dans ce monde de mensonges.

Elle n'appartenait pas au clan honni des progressistes, des républicains qui, à la suite de Kerenski, « cet idiot de franc-maçon », et de Savinkov, bien puni, lui, de son inconséquence, avaient eux aussi payé un lourd tribut à leur naïveté. Et comme s'ils n'avaient toujours rien compris, ils étaient sensibles aux yeux doux des émissaires de l'ambassade. Elle ne croyait pas que le XXe Congrès allait accomplir des miracles. « Des pièges. » Elle restait fidèle au patriarche de Constantinople, le seul à honorer la mémoire de Nicolas II. Elle répugnait aux compromis. Alors que tant de Russes étaient prêts à s'agenouiller devant le pouvoir de Moscou, elle se tenait debout, droite, intraitable, comme à l'office de la chapelle qui durait deux heures, refusant malgré son grand âge la chaise qu'on lui proposait. Là, dans l'odeur de l'encens, le paisible scintillement des cierges, face au prêtre à la tunique brodée et à la mitre surdorée, elle redevenait la jeune fille qu'elle avait été dans la basilique de Novgorod, attendant avec impatience que la vie tienne ses promesses. C'était toujours le même pain insipide distribué après l'office, toujours la même voix gutturale du prêtre, cette voix venue des profondeurs de la poitrine tout près du cœur qui est le siège de l'âme. Dieu qui l'éprouvait ne l'abandonnait pas. Dans les pires moments, Il lui avait donné la force de ne pas désespérer. D'autres, faute de croire, s'étaient jetés dans l'alcool, le désespoir, la drogue, tous ces blasphèmes envers Dieu qui est la source de la vie. Même à Shanghai, au pire de la misère, quand elle avait failli se perdre, Dieu lui avait tendu la main. Et pendant le calvaire de la maladie d'Anton, la plus grande souffrance qu'une mère puisse supporter, elle avait senti Sa lumière qui la protégeait.

Ce fils, Anton, elle ne pouvait se résoudre à sa mort. Inexplicablement, elle l'attendait toujours. Elle avait beau savoir de manière formelle quand et où il avait été fusillé — dix-sept ans déjà —, elle avait la certitude qu'elle allait le retrouver, oui, vivant, ou alors c'est elle qui le rejoindrait dans la mort. Et cette perspective lui rendait l'idée de sa propre mort douce et presque désirable. Chaque fois qu'on sonnait à la porte de son pavillon, elle tressaillait. À chaque sonnerie du téléphone, à la visite du facteur, elle sentait monter en elle un irrésistible espoir. Mais qu'importe, Anton était là, dans l'air qu'elle respirait, dans l'encens de la chapelle, dans les maigres fleurs de son jardin. Il était en elle. Elle lui murmurait des phrases tendres comme lorsqu'il était malade, quand la diphtérie avait failli l'emporter. Une chamane guérisseuse du lac Baïkal l'avait sauvé à coups de mystérieux breuvages, d'incantations et de passes magnétiques.

Et comme si tous ces malheurs ne suffisaient pas, il avait fallu qu'elle perde aussi son vieux compagnon, l'ataman Margenski. Elle pensait qu'en joignant leurs malheurs ils réussiraient à construire une digue pour se protéger. Mais son idéalisme l'avait perdu. C'était un pur, il croyait à la justice. Il n'avait jamais voulu prendre en compte le risque qu'il courait.

Quand Maria Berdaiev sonna à la porte, elle vint pour lui ouvrir. Celle-ci comme à son habitude était chargée de cadeaux, suivie de Roger, le chauffeur, les bras encombrés de paquets. La princesse avait oublié la visite de sa fille. Normal, elle ne pensait qu'à Anton.

13

À peine les deux femmes s'étaient-elles installées dans le salon devant une table recouverte d'une nappe blanche brodée où brillaient des couverts en argent, et surtout un appétissant déjeuner composé de blinis fumants, de saumon fumé, de poivrons farcis et de caviar d'aubergine, arrosé de l'indispensable vodka à l'herbe de bison, que la sonnerie de la porte d'entrée se fit entendre : c'était la comtesse Kouraguine, escortée de sa meute de chiens, trois carlins hargneux à la gueule noire et les bajoues pendantes de vieux Japonais fatigués. Un héritage tyrannique de son amie, Boula Wolkoreski, morte à cent deux ans, qui logeait elle aussi à la Maison russe. La comtesse Kouraguine avait un véritable don de divination pour s'inviter à déjeuner chez son amie la princesse dès qu'elle savait la comtesse Berdaiev dans les parages. Elle était gourmande et n'était pas déçue. Et, en effet, cette fois encore s'étalaient à profusion sur la table les mets les plus exquis.

Bien que vivant en France depuis cinquante ans, elle parlait un français à la fois recherché et approximatif.

— J'espèrrre que je dérrrange pas quiconque, demandait-elle en tirant une chaise et en s'asseyant à table avec cette désinvolture propre aux Russes qui ne s'embarrassent pas de chichis petits-bourgeois en matière d'hospitalité. J'ai appétit petit oiseau aujourrrd'hui.

Ce furent ses dernières paroles estropiant la langue de Molière car la conversation se poursuivit en russe. Ce furent les mêmes histoires, les mêmes souvenirs, actualisés par le récit des fiançailles, des mariages et des divers événements marquants survenus dans ce petit monde qui avait des ramifications internationales. Ce papotage était observé par le général Miller, dans son cadre doré, véritable héros pour cette famille, qui côtoyait des daguerréotypes de la famille impériale, du patriarche de Constantinople avec sa grande barbe et sa mitre, et des photos familiales. Les deux vieilles femmes inséparables ne cessaient de s'invectiver. Elles s'entendaient sur tout, mais n'étaient d'accord sur rien. C'est ainsi qu'elles se tenaient en vie, entretenant un duel qui ne finirait qu'avec leur mort.

La comtesse Kouraguine avait été immensément riche. Sa famille possédait un des plus beaux palais de Saint-Pétersbourg sur la Neva. Elle était alliée à toute l'aristocratie russe et balte. En 1917, ils avaient fui par la Finlande, s'installant à Berlin, puis à Paris. La comtesse avait conservé de son ancien statut une arrogance suprême, des accents impératifs, qui donnaient l'impression qu'elle ravalait son entourage au rang de domestiques. Elle réclamait d'eux une servilité absolue. Elle se montrait insupportable de suffisance, de morgue, de dédain, mais ce comportement, loin de lui nuire dans la communauté, nullement contaminée par l'égalitarisme démocratique, lui valait au contraire un surcroît d'estime. C'était une vraie Russe de l'époque du servage et du knout. Elle représentait le vestige le plus caricatural d'une société qui avait disparu et d'un ordre social dont on percevait moins l'injustice qu'il avait fait régner que celle dont il était l'objet.

Maria Berdaiev écoutait les deux vieilles amies reprendre leurs éternelles querelles. Mieux valait ces disputes sans gravité que d'aborder les ombres douloureuses qui planaient entre les deux femmes, Anton, bien sûr, mais aussi Vassili, le fils de la comtesse Kouraguine, engagé dans la division Vlassov et qui avait disparu sur la Vistule. Était-il mort au combat ou avait-il connu une mort ignominieuse après avoir été livré aux Soviétiques ? Liées par le malheur, le pire, la perte d'un fils, les deux femmes se sentaient en communion : chacune savait ce que l'autre ressentait. Que les deux garçons aient été des amis proches, vaguement cousins, n'empêchait nullement qu'ils aient pris sous l'Occupation des partis contraires. Au « ni rouge ni blanc mais Russe » de Vassili, qui l'avait conduit à croire que les Allemands pouvaient libérer la Russie du joug soviétique, s'opposait la conversion d'Anton à la France et à la Résistance. Opposés politiquement, ils n'en demeuraient pas moins amis. Ils ne se jugeaient pas. Mais aucun des deux n'ignorait le fossé qui les séparait.

Pourquoi ces deux garçons du même âge avaient-ils divergé après avoir partagé le même idéal ? Sans doute l'ascendant que le grand-duc Nicolas Nicolaievitch, ami de sa famille, exerçait sur lui avait-il joué un rôle dans l'engagement de Vassili, et peut-être aussi sa connaissance de la langue et de la culture allemandes. Il ne pouvait s'imaginer de destin que russe. Il ressentait l'exil en France comme un purgatoire. Peut-être même sa disposition d'esprit l'aurait conduit à rentrer en Russie comme des émissaires de l'ambassade le lui proposaient si l'engagement de trop de membres de sa famille dans l'Armée blanche de Wrangel ne l'eût condamné d'avance à une mort certaine. Bizarrement, contrairement à sa mère, sa qualité de Russe l'emportait sur l'esprit de caste. C'est pourquoi il s'était engagé dans la division Vlassov.

Maria Berdaiev écoutait les deux amies reprendre leur querelle comme un vieux tricot qui déroulait la même pelote de laine. Cette présence de la comtesse Kouraguine évitait le tête-à-tête avec sa mère qu'elle appréhendait : car, avec elle, c'étaient surtout des silences qu'elle échangeait. Et comme ils étaient lourds ces silences ! Des silences sur tous ces épisodes d'une vie d'exilé titulaire d'un passeport Nansen, une existence faite de fuite, de départs précipités avec l'angoisse, la faim, la peur de ne pas savoir où dormir. Maria Berdaiev souffrait de la dégradation du statut social de sa mère. Elle se sentait humiliée pour elle, blessée dans sa dignité. Mais le courage qu'elle donnait lui interdisait de se plaindre. Parfois, elle le regrettait : comme cela lui aurait fait du bien de pleurer dans ses bras et de s'abandonner à l'émotion, au chagrin, à ces sentiments dont on leur avait répété qu'il était indigne de les manifester. Ils devaient donner l'exemple au peuple, mais ce peuple avait disparu, il n'était plus qu'une ombre. Pour éviter la tentation de pleurer, Maria Berdaiev força sur la vodka.

Aussi, quand Roger, le chauffeur du président Marchandeau, lui aussi complètement gris, vint la chercher, elle titubait. C'est par miracle que la voiture, zigzaguant sur la chaussée luisante de pluie, atteignit Paris sans dommage à la nuit tombante.

14

La princesse Oborov demeura seule dans le salon de son pavillon en meulière. L'après-midi touchait à sa fin. Son amie et sa fille parties, elle déambulait dans ses souvenirs. La pluie avait cessé. Elle gardait de ces conversations décousues un sentiment de trouble. Remuer le passé ne lui valait rien. Elle décida de se rendre au cimetière. Le seul lieu où elle trouvait la paix.

Non pour s'y recueillir sur des proches, aucun de ceux qui lui étaient chers n'y reposait : Anton avait sa tombe au cimetière d'Ivry, le prince Dimitri, son mari, mort du typhus, reposait au cimetière russe de Gallipoli ; quant à l'ataman, elle ne se faisait plus aucune illusion sur son sort : elle ne le reverrait jamais.

La princesse se promenait au milieu des tombes, parmi les arbres qui commençaient à bourgeonner. Elle avait connu beaucoup de ceux qui gisaient sous les pierres tombales. Qu'elle les ait aimés, détestés ou méprisés n'avait plus beaucoup d'importance. Quoi qu'ils aient fait en bien ou en mal, ils étaient les victimes des circonstances qui les avaient emportés comme des fétus de paille. Le soir tombait. Le cimetière se remplissait de fantômes. Elle reprit le chemin de son pavillon où l'attendaient les ombres d'Anton et de l'ataman.

15

L'ataman Margenski avait été un précieux compagnon pour la princesse Oborov. Sa disparition subite laissait un terrible vide. Pendant près de trente ans, il l'avait aidée à affronter le dénuement et la solitude. Il lui évitait de sombrer dans l'amertume, ce mal qui se répandait comme une épidémie dans la colonie russe. Sa détermination le lui rendait indispensable. Elle admirait son optimisme qu'aucune épreuve n'entamait. Il avait beau n'être qu'un émigré parmi des millions, ne représenter qu'un infime souffle inoffensif pour les

Soviets, il avait la certitude que sa faiblesse deviendrait une force car il la mettait au service de la vérité. Le pouvoir soviétique n'était pour lui qu'un mensonge. Un mensonge grandiloquent, grotesque et sanglant, qui réveillait les pires instincts du peuple russe, une barbarie cachée sous une mince pellicule de civilisation. Il ne désespérait pas de le voir s'effondrer un jour. Alors le château de cartes de Staline serait balayé et on révélerait tous les crimes, les massacres que dissimulaient son hypocrite phraséologie fraternelle et ses utopies égalitaires.

Il appartenait à cette espèce de militaires féroces sur le champ de bataille, mais pacifiques et doux quand ils sont rendus à la vie civile. En vrai Russe, il n'avait aucun humour. Il était d'une seule pièce, taillé dans un bois dur et flexible. Sa carrière tenait en quelques dates : sorti en 1915 de l'école des cadets de Kazan, il s'était battu sur le front avec ses Cosaques contre les Autrichiens. En 1918, rejoignant l'Armée blanche de Wrangel, il avait été proclamé ataman, et l'un des derniers à quitter Yalta avec les débris de l'Armée blanche pour traverser la mer Noire et rejoindre Gallipoli. Avait eu lieu un épisode qui le hantait : quelques instants après être monté à bord d'une embarcation de fortune, une barque de pêche remplie à ras bord de fuyards, qui semblait bien frêle pour affronter la tempête qui se levait, il avait vu son cheval tenter de le rejoindre à la nage. Ce cheval, qu'il chérissait avec cet amour que les Cosaques vouent à leur monture, le regardait avec des yeux tendres et suppliants. Ses sabots avaient frappé la coque en bois de l'embarcation dans un ultime effort pour rejoindre son maître. Il avait dû l'abattre de plusieurs coups de revolver. Le regard douloureux de son cheval, le bruit de ses sabots résonnant contre le bateau lui paraissaient dans leur pathétique en accord avec la souffrance qui l'avait étreint alors que la côte dentelée de Crimée, noyée sous une pluie tiède, commençait à s'estomper, n'offrant plus à ses regards que les lueurs rougeoyantes des entrepôts de pétrole en flammes.

C'est au cours de loisirs forcés causés par un séjour de deux ans au sanatorium de Briançon, dans les Hautes-Alpes, pour soigner sa tuberculose, qu'il avait pris conscience de la mission qu'il devait remplir : être le greffier des crimes commis par les Soviets. Plutôt que de fomenter de chimériques complots pour regagner la mère patrie, comme tant de ses compatriotes échauffés par les projets de têtes brûlées comme Savinkov, il voulait garder la tête froide et cerner la vérité. Cette vérité qui risquait de disparaître sous les fausses rumeurs, la propagande, les manipulations du NKVD et des journaux. Il s'était attaché à ce projet dans les moments libres que lui laissait son emploi d'ingénieur chez Renault. Il collationnait les articles, les confrontait, correspondait avec tous ceux qui partageaient ses convictions, comme Nicolas Tolstoï à Londres. Il se désignait lui-même comme un archiviste du mal.

Il dépouillait les crimes des Soviets des justifications politiques qu'on leur donnait en les comparant à ceux commis par les révolutionnaires français. Mais, pour lui, il y avait loin en matière de déni de justice entre le jugement et l'exécution publique de Louis XVI et de Marie-Antoinette et le massacre du tsar et de sa famille dans une cave. Ce qui s'était passé à Ekaterinbourg, dans la maison Ipatiev, où le tsar et la tsarine avaient été abattus comme des chiens, en compagnie de leurs filles, ne relevait plus d'une justification politique, mais de la barbarie pure et simple d'un règlement de comptes. Le pouvoir ne s'embarrassait plus de formes judiciaires, il empruntait aux organisations criminelles leurs méthodes sans pitié. D'où l'embarras de Lénine et les versions apocryphes de ces meurtres mises en lumière par l'enquête du magistrat Sokolov. Il avait également réuni des preuves accablantes concernant les meurtres, à la même date, à une centaine de kilomètres d'Ekaterinbourg, à Alapaevsk, de l'oncle de Nicolas II, le grand-duc Serguei Mikhailovitch, de la sœur de l'ancienne tsarine, la grande-duchesse Elizaveta, de Vladimir, le fils de la princesse Paley, des trois fils du grand-duc Constantin, tous jetés vivants dans un puits que les tchékistes avaient arrosé de grenades.

Il avait vu la main de Staline dans le massacre de Katyń après l'entrée des Soviétiques en Pologne, où plus de vingt mille officiers polonais prisonniers avaient été exécutés d'une balle dans la nuque sans que l'Occident n'émette la moindre protestation. Ces mêmes Occidentaux avaient livré aux Soviétiques en mai 1945 les trente mille soldats de la division Vlassov, parmi lesquels plusieurs chefs des régiments cosaques. Tous avaient été exécutés dès qu'ils avaient franchi la frontière ; plusieurs dans des supplices raffinés, comme Vlassov et ses officiers pendus à une corde de piano pour que leur agonie soit plus lente et plus douloureuse. Beaucoup de Cosaques avaient préféré se jeter dans les eaux de la Dra avec leur famille plutôt que d'être remis à leurs ennemis, n'ignorant pas les tortures qu'ils leur réservaient. Les Anglais avaient même, à Liens, dans le Tyrol, poussé l'ignominie jusqu'à exécuter à la mitrailleuse les Cosaques qui se rebellaient, n'épargnant ni leurs femmes ni leurs enfants, laissant sur le terrain plus de trois cents victimes. Tel était l'Occident, cette patrie de la liberté, si frileuse, qui acceptait les réfugiés russes mais ne poussait pas le courage jusqu'à risquer de déplaire à Staline. Pourquoi les Français et leur gouvernement si soucieux de légalité et de liberté se montraient-ils à ce point aveugles sur des agissements qu'ils auraient dû condamner ? Peut-être retrouvaient-ils au fond de leur inconscient une secrète parenté entre les crimes de Moscou et les massacres de la Convention, entre Staline et Robespierre ? Ils n'osaient pas s'élever contre des exactions criminelles qu'ils avaient eux-mêmes commises et qui faisaient partie de leur histoire. Comment expliquer autrement cette coupable compréhension pour les horreurs de Staline et le mépris manifesté pour ses victimes, comme si elles méritaient leur sort et n'étaient que des laissés-pour-compte anachroniques de l'Histoire ?

Son dernier combat illustrait les compromissions du gouvernement français avec les Soviets : il avait fait le compte des crimes et des enlèvements opérés en France par le NKVD avec sinon la connivence du moins la neutralité bienveillante des autorités françaises. Il avait le premier soupçonné la présence du poison, la tuberculine, dans la mort subite, à Bruxelles, de Wrangel, l'ancien commandant en chef de l'Armée blanche contre lequel les Soviets avaient multiplié les attentats. Ensuite, cela avait été le tour, en janvier 1930, du général Koutiepov, responsable de la principale organisation de lutte armée, la ROVS, enlevé en plein Paris par des sbires du NKVD, non loin de son domicile, rue Rousselet. Embarqué clandestinement près de Granville sur le cargo *Spartak*, il avait été transféré à Moscou au siège de la Loubianka et exécuté. Son successeur à la ROVS, le général Miller, avait subi le même sort cinq ans plus tard : kidnappé avec la complicité de son adjoint et homme de confiance, le général Skobline, retourné par les Soviétiques et qui devait être assassiné à son tour en Espagne par les agents du Guépéou. Tous ces crimes étaient restés impunis. Le gouvernement français avait pudiquement baissé les yeux. Pour la forme, on avait convoqué l'ambassadeur de la rue de Grenelle à l'Hôtel Matignon. La justice, pour donner l'illusion qu'elle cherchait les coupables, s'était contentée de condamner à une lourde peine de prison la malheureuse femme de Skobline, la grande chanteuse Plevitskaia, « le rossignol de Koursk ».

L'ataman Margenski avait accumulé ainsi les dossiers, sourd aux menaces et aux intimidations. Il ne se décourageait pas : il savait qu'il gagnerait son combat pour la vérité. Vivrait-il assez longtemps pour voir la grande imposture enfin dénoncée aux yeux du monde ? Il l'ignorait. Mais rien, aucun obstacle, aucune menace, ne l'empêcherait de continuer à se battre. Il pouvait mourir, la vérité avancerait sans lui.

C'est dans cet état d'esprit indomptable qu'il avait disparu après un rendez-vous à la brasserie La Coupole où il devait montrer des documents confidentiels à un émissaire de l'ONU. Depuis deux ans, on n'avait plus aucune nouvelle de lui.

16

Dans son bureau de la rue de Solferino à l'ameublement d'une banalité historique, le Général se sentait envahi par cette humeur noire contre laquelle il avait lutté toute sa vie. La mélancolie lui inspirait des idées de suicide. Déjà, lors de l'échec de l'expédition de Dakar, il en avait éprouvé la tentation. Ses chances de revenir au pouvoir s'éloignaient. Il y avait eu un léger frémissement qui ne débouchait sur rien. Quelle horrible impression de se dire que l'Histoire se faisait sans lui. Exactement comme s'il était mort. Mais un mort, on lui fout la paix tandis que lui continuait d'agacer. Il irritait les politiciens qui ne savaient plus comment tuer la petite espérance chancelante qu'il représentait. S'ils réussissaient, il n'aurait plus qu'à rentrer dans son village, à replonger dans le passé pour ressasser toutes ces choses mortes. Les rumeurs de putsch à Alger créaient un climat propice à son retour. Mais son nom, loin d'apparaître comme une solution, faisait l'effet d'un repoussoir. Il coalisait les oppositions. Les prétendus démocrates lui adressaient toujours les mêmes reproches : pouvoir personnel, apprenti dictateur. Toute la classe politique sortait de son indifférence pour lui témoigner son exécration. Les caciques du Parlement se sentaient menacés.

En lui la fureur montait, dissolvant la mélancolie. Tous ces hommes qui lui devaient tout ou presque, qui s'étaient drapés dans l'idéal de la Résistance — certains avec quel culot ! — et qui sombraient dans l'affairisme, les combines, ils lui donnaient des leçons de républicanisme. Il passait en revue leurs têtes de petits moustachus, ventrus, barbichus, les Pleven, les Cachin, les Waldeck Rochet, les Laniel, le ridicule petit Bidault. Comme tout ce personnel politique était riquiqui, médiocre, sans envergure et, pire, content d'être ce qu'il était, satisfait de se baigner dans ce marigot où aucune tête, aucune intelligence ne dépassait. Entre lui et les politiciens de la IVe République, pourquoi ne pas l'avouer, c'était un duel à mort. Lui le savait, eux aussi le savaient.

Mais ce n'était pas tant ces hommes qu'il avait contre lui que le destin. Sinon, il y a longtemps qu'il les aurait terrassés. Impossible pour lui d'avoir des contrariétés banales et les malheurs de tout le monde. Entré dans l'Histoire, il ne parvenait plus à en sortir. Son désespoir lui semblait en accord avec son grand rêve. Peut-être était-il voué à la tragédie ? Une diseuse de bonne aventure lui avait prédit en Pologne qu'il finirait pendu.

Pourquoi le détestait-on à ce point ? Si certains l'admiraient, personne ne l'aimait. L'explication, il la trouvait dans son amour démesuré de la grandeur. Rien n'était à sa taille, ni les lits, ni les situations, ni les hommes. Jamais il ne lui venait à l'esprit d'imputer cette hostilité à son caractère de dogue. Vindicatif, dur, ingrat, il considérait qu'on lui devait tout mais que lui ne devait rien à personne. Et cette façon d'humilier ses collaborateurs fidèles, de les maltraiter et de les jeter comme des pelures d'orange. Qu'avait-il fait d'autre du capitaine Guy, son officier d'ordonnance, qui l'avait suivi dans son exil à Colombey ? Guichard pouvait en dire beaucoup sur ce sujet.

Ses collaborateurs ne se plaignaient pas. Ils n'étaient pas là pour rigoler. Ils souffraient mais du moins avaient-ils la ressource de se dire que c'était pour la France, cet idéal exigeant, austère, inatteignable qui fait autant d'obscurs martyrs que de héros. Ils étaient fiers d'appartenir à cette cohorte d'élite qui sait que toute croisade se paie d'ingratitude, de fiel, et non de confiserie sentimentale.

Le Général ressentit une douleur vibrante dans sa main gauche. L'arthrite le faisait souffrir. Son corps aussi l'abandonnait. Son humeur s'assombrit à nouveau. L'âge, la calamité de l'âge. Pourquoi un mauvais génie le condamnait-il à tout obtenir trop tard ? Pourquoi n'avait-il pas eu la chance d'un Bonaparte, d'un Alexandre ? Être vieux l'humiliait. Cela lui rappelait cet exemple affreux qu'il s'était promis de ne jamais imiter : Pétain. Pétain, le lamentable naufrageur de la France.

Le Général entendit le grelot de la porte d'entrée. La secrétaire introduisit Delbecque, en quête d'instructions avant son départ pour Alger. Tous ces hommes qui faisaient une drôle de tambouille là-bas, des têtes chaudes sous ce soleil qui ne refroidissait pas les intrigues et les complots : toujours le romantisme de la Résistance qui les maintenait hors des réalités. Dire que son destin, son destin d'une portée immense, était entre les mains de ces petits hommes-là, dévoués certes — pour lui, ça n'avait jamais été un critère. Il pensait au cynisme de Clemenceau : « Ce ne sont pas des aigles qui ont sauvé le Capitole. »

17

Le président Marchandeau téléphona à Bob Hollander. Le photographe était à son laboratoire où il développait des photos de la petite Claudine, des nus artistiques.

— Bonsoir, monsieur le Président.

— Mon petit, êtes-vous libre ce soir ?

— Toujours pour vous, monsieur le Président, répondit-il avec cette obséquiosité appuyée où il mettait un zeste d'ironie.

— J'aimerais que vous m'emmeniez au cinéma. J'aimerais voir *Les Amants* de Louis Malle. J'envoie Roger vous chercher.

Le président Marchandeau et le photographe entretenaient les rapports les plus étranges, les moins attendus. Appartenant à des mondes qui ne se rencontraient pas, ou superficiellement, bousculant l'ordre des choses, ils s'appréciaient par-delà les convenances. Le président Marchandeau, à travers cet homme encore jeune, vivait par procuration l'existence libre et libertine qu'il aurait aimé vivre s'il n'avait pas été enchaîné à ses hautes responsabilités. Pas d'épouse geignarde à la maison, qui n'a pas d'autres distractions que de passer l'aspirateur, pas d'enfants à problèmes, pas de ces corvées solennelles avec les grands de ce monde, les galas guindés en frac et chemise amidonnée. Certes, il aimait la considération, les honneurs officiels, les courbettes devant monsieur le

Président. La flagornerie chatouillait délicieusement de son cœur l'orgueilleuse faiblesse. Mais il en ressentait l'ennui, la vacuité. Ce décor de carton-pâte l'éloignait de la vie, la vraie vie, celle où l'on serre de beaux corps nus de femmes contre soi, celle où l'on aime et où l'on se croit aimé. Et le jeune Hollander, lui, ne s'embarrassait pas de quémandeurs, de raseurs, de protocoles, de scrupules. Il jouissait de la vie. Toutes les occasions lui étaient bonnes pour en sucer tous les sucs. Il avait choisi la meilleure profession qui soit pour exploiter la faiblesse des femmes : toutes rêvent d'être mannequin, actrice, et d'un prétexte pour se mettre nues. Et quand une femme se déshabille, qu'elle est nue en face d'un homme, c'est bien le diable si elle ne franchit pas l'autre étape.

Comme c'était rafraîchissant de voir ce jeune homme toujours gai, toujours pimpant, optimiste, que le doute ne troublait pas. Il lui racontait des anecdotes sur son activité : la perversité de certaines femmes qui posaient pour lui. Cela pimentait son horizon, excitait son imagination. Il avait l'impression de rajeunir et de tenir à son tour toutes ces petites garces dans ses bras, de leur demander de prendre des poses obscènes.

C'est par Hollander qu'il avait connu la comtesse Berdaiev, voilà six ou sept ans. Celui-ci l'avait emmené à un vernissage dans une petite galerie, chez une Russe, amie de Katia Granoff, passage de l'Ancienne-Comédie. Une exposition qui ne devait durer que quatre jours, c'est dire si l'artiste était peu cotée alors. En dehors de quelques grands noms de l'aristocratie russe, il n'y avait pas grand monde de connu. Elle a fait du chemin depuis. Il s'était souvent interrogé sur les liens qui existaient entre Hollander et la comtesse Berdaiev : ce n'était vraiment pas le même milieu ! Mais ni l'un ni l'autre ne se montrait loquace sur le sujet. Et Maria Berdaiev avait pour principe de ne jamais parler du passé. Comment le président Marchandeau aurait-il pu ne pas obtempérer à l'un de ses oukases ? Pour lui, elle représentait un idéal de femme auquel il n'aurait jamais dû avoir accès. Lui, le fils d'un instituteur, avoir pour tendre amie la fille d'une princesse, cousine par alliance de la famille impériale, non, jamais il n'aurait pu l'imaginer. L'aimait-elle autant qu'il l'idolâtrait ? Sans doute pas ! Quelle bêtise de se poser ce genre de question quand on n'a plus dix-huit ans ! Est-ce que Hollander s'embêtait, lui, avec des questions pareilles ?

Le président Marchandeau et Bob Hollander arrivèrent en retard pour la séance au Normandie, sur les Champs-Élysées. Le président Marchandeau ne poussa pas la magnificence jusqu'à offrir son billet à Bob. Le film de Louis Malle était commencé depuis longtemps. Mal placés au premier rang, ils durent voir le film séparément. Ce désagrément rappela au président — et il en fut agacé — que, malgré ses hautes fonctions, il ne bénéficiait d'aucun passe-droit. Il restait un homme comme les autres. Devant les images scabreuses de Jeanne Moreau faisant traverser à son amant la chambre où son jeune fils est endormi, il se sentit émoustillé. Et dévorant le gros plan des corps nus qui s'étreignaient, il éprouva une excitation mêlée d'un irritant sentiment de frustration qui le rendit philosophe : dire que la plus haute ambition atteinte n'est rien face à l'étreinte voluptueuse de deux amants.

18

Tout le monde était là. Enfin, ce que l'on appelle la bonne société à Paris. Tous ceux qui ont conquis un statut social par l'ancienneté et l'illustration de leur nom, leur notoriété, leur ambition, leur talent, leur beauté, mais aussi ceux qui n'avaient nullement besoin de manifester aucune de ces qualités : simplement parce qu'ils étaient là, poissons-pilotes de grands squales ennuyés de l'industrie, porte-coton de veuves esseulées, mirliflores blanchis sous le harnois des courbettes. Présents aussi ceux dont aucune société ne peut se passer : hommes d'affaires véreux en passe de devenir respectables, aigrefins enrichis dans toutes sortes de trafics, virtuoses de la spoliation des héritages. À ce monde s'ajoutaient les paillettes dorées apportées par quelques acteurs en vogue, deux académiciens qui se regardaient en chiens de faïence, un chef de clinique de l'Hôpital américain, d'anciens ambassadeurs désœuvrés cherchant dans les cocktails le parfum de leur splendeur d'antan. Et de belles femmes : certaines ayant fait une carrière dans la galanterie conclue par un fastueux mariage ; d'autres qui essayaient vainement de les imiter. Car il faut une sorte de génie pour jeter son grappin sur un fils de famille fortuné. Et, bien sûr, l'inévitable colonie russe, ses archiduchesses, comtesses, baronnes baltes, mêlant Ukrainiens, Géorgiens, petits et grands Russiens, dont certains avaient rafistolé leur nippe pour avoir accès à ce festin de petits-fours. Tous en quête d'une aumône de mondanité, de prestige, de reconnaissance, de sourires et, qui sait, d'une recommandation. Tout le monde se pressait à la galerie La Licorne, rue du Faubourg-Saint-Honoré, pour l'exposition des pastels de la comtesse Berdaiev. Son succès rejaillissait dans l'orgueil de chaque Russe qui se sentait ainsi honoré de gratifications mondaines et restitué au cours d'un rêve bref dans ses possessions spoliées.

Pour la comtesse Berdaiev, c'était une apothéose. Le président Marchandeau se tenait à distance respectueuse. Ni trop près pour ne pas alimenter les commérages, ni trop loin pour que personne n'ignore qu'il était le premier intéressé au succès de l'exposition d'une artiste qu'il protégeait. On ne lésinait pas sur les superlatifs pour louer les œuvres suspendues aux cimaises, sachant que les compliments adressés à la comtesse Berdaiev seraient sensibles aux oreilles du président Marchandeau. Les œuvres de sa protégée avaient une indéniable valeur sociale et historique puisque toute la bonne société parisienne, londonienne, genevoise y était représentée. Quant à la véritable qualité artistique, c'était autre chose. La comtesse ne se privait pas d'enjoliver ses modèles, tant elle avait le souci de leur plaire. D'où une mièvrerie certaine. Mais il fallait vivre. Et la comtesse Berdaiev, qui ne pouvait compter sur les largesses de son protecteur, devait user de cet expédient pour subvenir à ses besoins, ainsi qu'à ceux de sa mère et de quelques cousines et cousins désargentés échoués à Billancourt ou à Asnières. Elle avait compris que celles et ceux qui lui commandaient leur portrait voulaient qu'ils fussent ressemblants mais aussi y apparaître embellis, sans verrues, cernes, rides, avachissement de la peau. C'était une véritable intervention de chirurgie esthétique qu'opérait la comtesse. On gagnait bien dix ans dans ses portraits. Cet embellissement lui permettait de vendre ses œuvres à des tarifs prohibitifs.

Mais d'autres raisons encore moins artistiques expliquaient son succès. Tous ceux qui avaient un service, un passe-droit, un amendement législatif, devaient d'abord en passer par là. D'ailleurs le président Marchandeau, qui avait son franc-parler et ne s'égarait pas dans les méandres des convenances, posait crûment la question de confiance à ses divers solliciteurs : représentants de l'industrie pharmaceutique, émissaires des grands pétroliers, du BTP, de l'agroalimentaire, tous ayant de gros appétits en matière de projets de loi qui ne lèsent pas leurs intérêts : « Aimez-vous les œuvres de la comtesse Berdaiev ? » Ce qui signifiait : « En avez-vous acheté ? »

Et la réponse donnait droit à une validation de la requête ou à une fin de non-recevoir.

Cette exposition marquait aussi un sommet de la consécration pour le président Marchandeau. À la manière obséquieuse avec laquelle on s'empressait auprès de lui, aux compliments qu'on lui adressait, on comprenait qu'il avait du vent dans les voiles car on parlait sérieusement de lui comme prochain président de la République. N'avait-il pas toutes les qualités requises ? Déjà, à l'époque où Coty avait été élu, on lui donnait des chances. Le moment crucial approchait. Plus que huit mois avant l'élection présidentielle. Il humait ce souffle venu des profondeurs de l'histoire de France qui emplit les poumons des grands ambitieux à l'approche de l'heure décisive. Chaque heure qui passait augmentait sa fébrilité et son impatience. Il se sentait à la hauteur de son destin. Prêt à affronter les obstacles qu'on placerait devant lui. La qualité qu'on lui reconnaissait était la prudence. Un avantage dans cette époque troublée mais aussi un inconvénient. Certains, face aux critiques faites contre le régime de la IVe République, ironisaient sur la faiblesse de son projet institutionnel. Cet homme de gauche appartenant à un parti autrefois révolutionnaire, lui-même dans sa jeunesse fervent partisan du mouvement, était devenu conservateur. Il avait du mal à remettre en cause des institutions et un système qui, reconnaissant ses mérites, l'avait placé si haut, et peut-être bientôt plus haut encore. Son projet était de ne rien changer, mais d'occuper le sommet de la pyramide. Limite d'un esprit brillant mais peu inventif, il ne pouvait imaginer la politique autrement qu'elle n'était : critiquable, bavarde, souvent inefficace, corrompue, mais tellement humaine dans sa médiocrité comme dans ses aspirations impossibles.

Quelles étaient ses failles sur lesquelles on l'attaquerait ? Son épouse ? Certes, elle n'était pas à la hauteur mais pas au point d'être une cible. Pauvre femme ! Quel poids elle était pour lui ! Quant à la comtesse Berdaiev, qui songerait à lui en faire le reproche ? Il ne serait pas le premier à être proche d'une jolie femme.

Une pensée le traversa : il en ressentit une douleur aussi vive qu'une douleur physique. Cette idée, cela faisait longtemps qu'il l'avait chassée de son esprit. Parfois elle revenait le hanter. Il ne passait jamais devant l'hôtel Lutetia sans qu'elle lui revînt en mémoire. Qui n'a pas dans sa vie un secret menaçant qui le ronge ? Parfois, on meurt avec ce secret et personne n'imagine le calvaire qu'on a vécu à craindre qu'il n'apparaisse au grand jour.

Le préfet de Paris vint le tirer de ses pensées noires.

— Alors, monsieur le Préfet, quelles sont les nouvelles d'Alger ?

— Mauvaises, ça grenouille. Il va y avoir du grabuge.

— Les généraux, il faut les mettre au pas. Ils s'agitent, mais si on est ferme, ils se mettent au garde-à-vous.

— Et le Général ? Lui n'est pas du genre à se mettre au garde-à-vous.

— Il est anachronique. Il est sorti de l'Histoire. Pourquoi songerait-on à l'y faire rentrer ? Personne ne sait qu'il existe encore.

Mais, disant cette phrase, le président Marchandeau eut un mouvement d'agacement. Il minimisait la menace que représentait le Général, non pas tant pour les libertés publiques que pour son propre avenir.

À cet instant, un flatteur maladroit, qui s'était approché de lui un verre de champagne à la main pour lui faire son compliment, bousculé par un serveur, lui renversa sa coupe sur son pantalon. Une sensation glacée monta le long de sa cuisse. Des insultes lui montèrent aux lèvres. Il se ressaisit : c'est devant ce genre de contrariété qu'un homme de son envergure doit savoir se contrôler.

— Aucune importance, dit-il la bouche contractée devant le fâcheux qui se perdait en excuses.

Mais cette petite exaspération en rejoignait une plus grande liée aux pronostics du préfet de Paris. Il ne faut pas rester les bras croisés, se dit-il, et aussitôt il pensa à réunir ses amis de la SFIO et à mobiliser la gauche démocratique contre la menace de la dictature.

19

La brasserie Lipp connaissait la foule des grands soirs. On se pressait dans le scintillement des grands miroirs, le miroitement des verres et des couverts. Il régnait une rassurante odeur de choucroute arrosée de vin blanc d'Alsace. C'était l'heure de la sortie des spectacles. Préservée de la bousculade dans le carré sacré des personnalités en vue, la comtesse Berdaiev soupait en compagnie d'Éric. Le président Marchandeau avait dû rentrer au chevet de sa femme malade. L'exposition avait remporté un grand succès. Tous les pastels avaient été vendus. Des dîneurs venaient la féliciter. La soirée avançait. Maria Berdaiev n'avait pas envie de rester seule. Elle sentait Éric pressé d'aller retrouver Leonora Drago au Meurice. Elle avait tout fait pour semer Bob Hollander qui, selon son habitude, s'incrustait. Pendant le vernissage, elle s'était sentie envahie par la griserie du succès comme lorsqu'on sent qu'on a atteint un sommet de sa vie. Plus jamais elle ne serait l'objet de tant d'hommages venant de tout ce que Paris comportait de célébrités, d'hommes importants et de ces femmes du monde, toutes griffes dehors, si difficiles à contenter. Pouvait-il y avoir encore un échelon supérieur dans la conquête de cette société mondaine si fermée ?

Dès qu'elle fut chez elle, dans son appartement de la

rue Murillo, devant la fenêtre du salon ouverte sur le parc, dans une totale obscurité, la tristesse l'envahit. Ce sentiment d'avoir tout et de n'avoir rien. Ce n'était pas seulement une impression : elle ne possédait rien. Ni cet appartement, ni aucun meuble, ni même les tapis, elle était locataire de tout. Toujours émigrée, toujours exilée avec un passeport Nansen dans la tête. Sa tristesse avait aussi d'autres causes : la liaison d'Éric et de Leonora Drago, dont elle était responsable, dépassait le cadre léger qu'elle avait conçu. Éric s'éloignait d'elle. Il n'était plus ce chevalier servant toujours disponible, toujours aimant en dépit des rebuffades.

Le désarroi de Maria Berdaiev avait une cause plus profonde : le succès qu'elle connaissait n'était pas celui qu'elle avait souhaité. Ce n'était pas son art qu'on applaudissait, mais sa personnalité factice, mondaine, qu'elle avait si habilement mise en scène. Être reconnue comme une grande artiste, ce rêve n'était pas au rendez-vous ! Il lui manquait l'essentiel. Elle s'était trahie, elle avait trahi ce qui avait le plus compté pour elle : la probité artistique, l'élan pur vers un idéal sans concessions. Pourtant, c'était le but qu'elle cherchait lorsqu'elle suivait les leçons de Dunoyer de Segonzac à la Grande Chaumière, qu'elle passait ses journées au Louvre à copier les maîtres. Quand avait-elle commencé à s'égarer, à prendre le chemin de la facilité ? Dès qu'elle était devenue un mannequin en vue, elle avait commencé à délaisser la Grande Chaumière et, lorsque le cinéma lui avait fait miroiter le succès, l'argent facile, elle avait cédé à ce beau mirage. Il lui fallait de l'argent. Pour elle. Pour sa mère.

Quand elle jugeait sa production de pastels, si plaisants mais si mièvres, de la sucrerie mondaine dépourvue de force et de caractère, elle en souffrait comme d'une prostitution. À qui la faute ? Comme elle aurait aimé se mentir en accusant les circonstances. La faute en revenait à elle-même, à son goût de la jouissance qui l'avait toujours emporté sur les devoirs qu'elle aurait dû rendre à son art. Et cette évidence lui enfonçait un poignard dans le cœur.

LA CHAMANE DE SIBÉRIE

1

Dans ces journées troubles où se jouait le sort de l'Algérie, l'hôtel Meurice, protégé par son mobilier suranné, les serveurs compassés, son rituel ancestral, semblait fait pour affronter l'Histoire. On avait l'impression qu'à l'abri de ses murs rien ne changerait jamais. Éric y passa la nuit dans la suite de Leonora Drago. Il avait menti à Sylvie, prétextant qu'il devait partir un jour plus tôt pour couvrir la visite du Général en Algérie. Celui-ci, investi comme nouveau président du Conseil, se donnait pour mission d'aller calmer les humeurs rebelles du Comité de salut public. Depuis un mois, les événements s'accéléraient et Éric, requis par ses reportages à *Combat*, avait eu peu de temps pour voir Leonora qui prolongeait son séjour à Paris. Elle avait fait un aller et retour à Milan pour mettre les choses au point avec son mari : celui-ci avait beau la tromper ouvertement, il ne lui faisait pas moins des scènes de jalousie. Mais son parti était pris : elle avait décidé de s'installer avec Éric, et de se séparer de son mari. Avec cette superbe des aristocrates, elle ne tenait aucun compte de la présence de Sylvie, à qui Éric ne parvenait pas à se résoudre d'avouer sa liaison. La situation politique qui monopolisait ses journées, entre conférences de presse, déclarations, manifestations, lui donnait un prétexte pour éluder une explication inéluctable. Le vrai, c'est qu'il avait du mal à rompre avec Sylvie. Si au moins il avait eu quelque chose à lui reprocher ? Au contraire, avertie par une intuition diabolique de la concurrence occulte qui menaçait leur couple, elle forçait sur sa gentillesse naturelle, se montrait tendre, compréhensive, et poussait la délicatesse jusqu'à faire semblant de croire à ses mensonges les plus criants. Comme si elle voulait lui rendre plus douloureuse la rupture vers laquelle il s'acheminait.

À un moment, il frôla le drame. Sylvie lui annonça qu'elle était enceinte. Il passa quinze jours dans l'angoisse avant qu'elle ne le rassure : il s'agissait d'une fausse alerte.

Éric hésitait. Il avait toujours hésité. Sur sa vocation : après un roman publié aux Éditions de la Table Ronde par Roland Laudenbach, qui avait eu un succès d'estime, un euphémisme pour signifier qu'il avait eu de la peine à atteindre les mille exemplaires, il n'avait jamais pu trouver la ressource intérieure d'écrire un second livre. Après avoir été le secrétaire de Paul Reynaud, celui-ci, à la fois lassé et admiratif de son dilettantisme, l'avait recommandé à Henri Smadja, qui l'avait engagé comme journaliste à *Combat*. Le journalisme convenait à son âme primesautière et volage. Passant d'un sujet à l'autre, survolant l'actualité, s'intéressant à tout sans se fixer vraiment sur rien, il était délivré des angoisses et de la solitude qui sont le lot de l'écrivain. Cette hésitation se retrouvait dans sa vie sentimentale. Il se demandait si, en s'engageant avec Leonora Drago, il n'allait pas subir le sort des nombreux amants qu'elle avait abandonnés avec la même impatience qu'elle avait mise à les séduire. La folie sensuelle qu'il connaissait avec elle, loin de lui paraître un gage de durée, l'inquiétait. Paradoxalement, la fadeur de ses ébats avec Sylvie lui semblait plus propice à une liaison au long cours que la frénésie amoureuse avec Leonora, qui lui paraissait promise à s'éteindre comme toutes les passions aussi folles qu'éphémères. Il savait Leonora volage, lunatique, n'ayant d'autre loi que son plaisir et sa fantaisie, ce qui l'agrémentait d'un charme vénéneux. Mais ces défauts qu'il lui prêtait — que beaucoup lui prêtaient — lui servaient aussi à se justifier de son peu d'empressement à rompre avec Sylvie.

Phénomène étrange, depuis qu'il avait entamé sa liaison avec Leonora, il ne désirait plus Maria Berdaiev. Pendant les cinq années qui les séparaient de leur rencontre à Ibiza, il avait bien sûr tenté de reprendre leur liaison. Elle s'y était toujours refusée, alléguant son sempiternel prétexte de la corruption inéluctable de l'amour physique qui tue tout amour. Ce qu'elle appelait avec une pointe d'humour « le syndrome de Béatrice ». Mais la Béatrice de Dante était morte et elle, bien vivante. Elle développait cette thèse en s'appuyant sur la mythologie égyptienne qui suppose que nous avons deux corps, l'un périssable, médiocre, inachevé, l'autre spirituel et immortel. Un soir qu'il était resté longuement chez elle après le dîner, ensorcelée par l'évocation des souvenirs d'Ibiza, de la grande chambre du Corsario, égrenés devant un feu de bois, elle s'était attendrie au point de s'abandonner à un baiser. Aussitôt elle s'était reprise. Éric trouvait sa rigueur d'autant plus injuste qu'elle avait des passades avec d'autres. Mais pourquoi chercher une explication ? Maria Berdaiev était inexplicable, voilà tout.

Sur le tarmac de l'aéroport d'Orly, prêt à embarquer dans l'avion qui le conduirait dans la fournaise d'Alger, Éric ne songeait nullement au destin de la France qui se jouait mais à une énigme de son étrange drame personnel : Maria Berdaiev avait insisté pour le jeter dans les bras de Leonora, et c'était cette même Leonora qui l'avait guéri de son amour pour elle. Pourquoi le désir qu'il éprouvait pour Maria Berdaiev s'était-il transféré sur Leonora ? Quelle drôle de mécanique que le cœur, et, plus mystérieuse encore, l'alchimie du désir !

2

Le salon de thé Rumpelmayer, rue de Rivoli, rebaptisé Angelina après la guerre en raison de ses consonances germaniques qui sonnaient mal à la Libération, gardait tout le charme désuet des années trente. La comtesse Berdaiev aimait s'y rendre à l'heure du thé. De grosses dames à chapeau s'empiffraient de tartes au chocolat, de monts-blancs et d'appétissantes pâtisseries viennoises. Quelques étrangers étaient installés devant des guéridons en marbre et quelques couples plus jeunes venus déguster un chocolat chaud particulièrement crémeux que Maria appelait « l'apéritif de l'adultère », tant on sentait ces couples fébriles et pressés de gagner les chambres du Meurice et des grands hôtels avoisinants après avoir fait semblant de sacrifier aux convenances. Elle y avait donné rendez-vous à Bob Hollander qui souhaitait lui parler. Elle avait ses raisons de préférer le voir dans un lieu public plutôt que chez elle.

D'habitude, elle s'amusait du spectacle du salon de thé caquetant de potins, de gloussements et des rires de gorge des dames d'âge mûr à l'imposante poitrine et aux bajoues flottantes. Mais la tristesse qui la tenait depuis le vernissage de son exposition — quel succès pourtant ! — ne la lâchait plus. Pour la première fois, elle doutait d'elle-même, du sens de sa vie. Jusque-là, même dans les pires moments, elle ne s'était pas abandonnée à la tristesse. Et les occasions de désespérer n'avaient pas manqué. Mais l'adversité la stimulait. Elle avait fait front. Comme sa mère, la princesse Oborov, qui lui avait inculqué l'art aristocratique de maîtriser sa vie. De n'être jamais victime des événements. De leur être toujours supérieur. Une formidable énergie, son invincible foi en la vie la dopaient.

Maria Berdaiev se sentait dépossédée du grand amour qui seul donnait une cohérence à son existence. Et l'objet de cet amour, par une étrange coïncidence, ressemblait trait pour trait à Anton, son frère jumeau, qui avait joué ce rôle durant leur jeunesse. L'éloignement d'Éric la blessait car elle pensait leur union indissoluble. Et elle n'aurait jamais imaginé qu'il pût mettre en balance leurs liens et une femme à l'âme aussi peu élevée, aussi peu spirituelle, que Leonora Drago. Son jugement sur elle avait beaucoup évolué : celle qu'elle trouvait encore, il y a peu, fantasque, pleine d'humour et de fantaisie, s'était muée en Messaline, dévoreuse d'hommes, dont la conduite capricieuse ne s'expliquait que par des sens déchaînés. Pourquoi avait-il fallu que cette déception soit concomitante avec la prise de conscience de son échec artistique ? Certes, elle ne se sentait pas la force et le génie des grands maîtres : d'un Rembrandt, d'un Goya, d'un Manet ; mais elle flânait parfois dans le rêve d'appartenir à une catégorie moins grandiose mais qui avait son charme : les Constantin Guys, les Fromentin, les Helleu, les Jacques-Émile Blanche. Ils avaient beau avoir trempé leur pinceau dans le sirop d'orgeat de la mondanité, ils n'en restaient pas moins de vrais peintres. Cette illusion-là aussi avait disparu.

Bien sûr, Bob Hollander était en retard. Comme toujours. Elle l'aimait bien et se méfiait de lui. Aucun principe. Aucun honneur. Seulement le plaisir. « Une arsouille », comme disait sa mère, la princesse, qui se méfiait de lui. Une petite canaille qui n'était pas sans charme. Il lui faisait penser à ces anguilles insaisissables qui vivent dans les eaux boueuses et les hautes herbes des marécages et qui s'enfuient à la moindre menace.

Ce décor de Rumpelmayer, la comtesse Berdaiev se disait qu'il n'avait pas changé depuis vingt ans. Sauf que les officiers allemands, minces et sveltes, moulés dans leur uniforme, coiffés de leur grand képi à visière, faisant le baisemain aux dames, s'étaient volatilisés. Les dames étaient restées, mais elles avaient vieilli et pris un sérieux embonpoint avec ces pâtisseries à la crème qui faisaient vraiment défaut à l'époque et aussi le chocolat chaud, le café remplacé par une infâme chicorée qu'on appelait du jus de chaussette. Mais, avec de l'argent, on pouvait se débrouiller.

3

Pourquoi faut-il qu'il y ait des époques qui cumulent tous les excès ? C'est sous l'Occupation que la comtesse Berdaiev avait connu sa plus éclatante reconnaissance et son pire drame. Quelle folle vie riche de surprises elle avait menée à l'époque de Munich ! Tant de succès étaient au rendez-vous. Elle ignorait à quel point ils étaient lourds de menaces. Elle avait eu la chance de rencontrer Balenciaga, à dix-huit ans, dans le métro à la station George-V, quand elle suivait encore les cours de dessin de la Grande Chaumière. Le grand couturier espagnol avait vu en elle le modèle de la femme qu'il voulait habiller.

En quelques semaines, elle avait été hissée au rang de mannequin vedette. Et en quelques mois elle avait conquis le Paris de la mode. Les journaux publiaient des photos d'elle. Les hommes les plus riches la courtisaient : Louis Renault l'invitait sur son yacht, Jean de Beaumont lui faisait les honneurs de sa chasse de Diebolsheim. Jeanne Lanvin, Worth, Lelong voulaient qu'elle présente leurs collections. Ces lumières ensorcelantes qui la sortaient de l'ombre ne l'enivraient pas. Elle avait vécu des temps si difficiles avec sa mère que ce retournement de la chance lui semblait naturel : socialement, elle ne pouvait descendre plus bas. Le soir, quand un de ces hommes très chics la déposait chez elle, rue du Faubourg-Saint-Honoré, après une soirée dans des restaurants à la mode, il ne pouvait imaginer qu'elle habitait une mansarde, au sixième étage sans ascenseur, à laquelle elle accédait par un escalier de service chassieux où un rat, fidèle au poste, l'observait gravir l'escalier dans une somptueuse robe de soirée, étincelante de bijoux.

C'est à Jean Grémillon qu'elle devait ses débuts au cinéma. Il l'avait remarquée dans un reportage de l'hebdomadaire *Votre Beauté* et lui avait proposé un petit rôle dans son film *L'Étrange Monsieur Victor*. Elle devait retravailler avec lui dans *Lumière d'été*, où elle donnait la réplique à Pierre Brasseur. Avec Jean Grémillon, l'entente était parfaite : passionné de peinture, il l'invitait souvent à dîner avec son ami André Masson. C'est en abordant le cinéma qu'elle avait pris le pseudonyme de Lydie Darnell.

Au cours d'une fête à L'Ours, le restaurant russe de la rue Rambuteau, elle avait rencontré le comte Nicolaï Berdaiev, un bel homme, beaucoup plus âgé qu'elle, qui lui avait plu par sa générosité et sa folie des grandeurs. Un vrai Russe dispendieux, hâbleur et fantasque. Il lui avait paru séduisant, sans plus. Avec sa cinquantaine bien entamée, elle estimait qu'il y avait trop de différence d'âge entre eux. Mais il avait insisté. Et quelle femme résiste à un homme qui veut l'épouser et lui offre une parure d'émeraudes ? (Des bijoux volés, comme elle l'apprendrait, hélas, trop tard.) Ils s'étaient mariés à l'église russe de la rue Daru. Anton, toujours fantasque, lui avait offert en cadeau de mariage un pistolet à crosse de nacre sur laquelle était écrit : « Pour qu'il te défende ou te délivre. » Un pistolet qu'il prétendait avoir appartenu à Natalia Gontcharova, la belle et volage épouse de Pouchkine. Les premiers mois qui avaient correspondu à la drôle de guerre furent idylliques : Nicolaï Berdaiev se montrait doux, prévenant, généreux. Puis le beau rêve s'était effondré : il était ruiné, vivait d'expédients et de trafics, s'adonnait à l'opium et, surtout, entretenait une liaison avec un modéliste de chez Patou. Elle avait déchanté, s'apercevant qu'il n'avait eu d'autre but en l'épousant que de se faire entretenir. Sur ces entrefaites, les Allemands étaient entrés dans Paris.

Une autre qu'elle aurait perdu espoir. Elle s'était raccrochée à ceux auxquels elle tenait le plus : son frère Anton, qui entamait une brillante carrière d'ethnologue au musée de l'Homme, et sa mère, si roborative avec son art de braver les tempêtes. Elle ne désespérait pas de retrouver des rôles. Le cinéma, loin de péricliter sous l'Occupation allemande, connaissait un nouveau dynamisme sous l'impulsion d'Alfred Greven, le patron de la Continental Films, financée par Goebbels. Ce personnage atypique avait une telle passion pour le cinéma qu'il protégeait les juifs, convaincu de leur talent particulier comme scénaristes, photographes ou metteurs en scène.

Il était associé à un dénommé Hans Mayer, tout aussi francophile et également plus passionné par la création cinématographique que par l'avenir du Reich. Elle lui avait été présentée par Jean Grémillon et il était aussitôt tombé amoureux d'elle. C'est lui qui avait voulu l'imposer dans des premiers rôles alors qu'elle pensait sa carrière compromise. Lydie Darnell avait ainsi connu une nouvelle vogue. Elle en avait profité pour quitter son mari qui s'enfonçait dans la déchéance et devenir la maîtresse de Hans Mayer. Elle avait été obligée de dissimuler sa liaison à Anton, qui détestait les Allemands et lui reprochait de les fréquenter. Mais quel mal y avait-il à voir des hommes de culture qui n'étaient nullement nazis ? Pour Anton, il n'y avait pas de différence. Ce n'est qu'en 1941 qu'elle avait compris pourquoi.

Certes, elle n'aimait pas Hans Mayer. Elle le jugeait cultivé, fou de cinéma, assez fin et léger pour un Allemand d'Occupation. Surtout, il représentait ce protecteur dont toute femme a besoin et qu'elle avait cru trouver dans cette ruine de comte Berdaiev. Avec lui, c'était la fête : les contrats pleuvaient à Paris mais aussi à Rome et à Munich. En compagnie d'Alfred Greven, ils menaient la belle vie. Entourés de femmes dont Greven ne profitait nullement (il vivait chastement avec une vieille gouvernante). Ce qui n'était pas le cas de Hans Mayer, qui multipliait les aventures avec les actrices. C'est grâce à lui qu'elle devait tourner son rôle le plus fameux dans *Le Val d'enfer* de Maurice Tourneur.

Elle ignorait alors les risques qu'elle prenait en ayant une liaison avec un Allemand. C'était tellement banal. On couchait si facilement à cette époque. D'abord beaucoup étaient beaux, souvent attentionnés, un peu balourds, mais, grâce à eux, on pouvait subvenir à tous ses besoins et à ceux de sa famille : ils offraient des cartes d'approvisionnement, du beurre, du café, de la viande, du travail, des laissez-passer. Cela méritait bien qu'on leur donne un peu de tendresse en échange.

Parmi ses amies actrices ou mannequins, combien

avaient cédé à la tentation d'avoir un protecteur ? N'est-ce pas aussi courant en temps de paix ? Comment réussir autrement au cinéma ?

Cette existence de tourbillons et de fêtes, de tournages dans les studios de Boulogne, la faisait vivre dans un rêve dont elle s'éveillait rarement. Un soir, faisant découvrir à Hans Mayer le Raspoutine, le fameux cabaret tsigane, une chanteuse l'avait fait pleurer en fredonnant d'une voix rauque la chanson *Les Yeux noirs*. Elle s'en souvenait encore avec un frisson. Comme si cette mélopée aux accents déchirants contenait toute sa vie excitante et mélancolique, l'honneur tragique d'être russe, exilée, belle et malheureuse. Hans et elle partageaient une table avec la ravissante Mireille Balin, qu'elle avait connue sur le tournage de *Gueule d'amour*, et Birl Desbok, dont les beaux yeux si tristes ce soir-là lui avaient semblé préfigurer son destin tragique.

Au cinéma Le Rex lors d'un cocktail après la projection d'un film de la Continental, elle avait rencontré un bel homme brun au regard intense et au profil d'aigle. Ancien officier de cavalerie, démobilisé, il occupait un haut poste dans les usines d'armement de Renault. Il l'avait fait rire en lui racontant des histoires d'officiers allemands qui avaient fait du grabuge dans un mauvais lieu, Le Sphynx, et que les autorités de la Wehrmacht avaient sanctionnés en les envoyant sur le front russe. Pour échapper au couvre-feu, il lui avait demandé s'il pouvait passer la nuit chez elle en tout bien tout honneur. Profitant de l'absence de Hans Mayer en mission à Berlin, et aussi parce qu'elle commençait à être lasse de ses infidélités, elle avait accepté. Même si le contenu de cette expression « en tout bien tout honneur » l'avait toujours fait rire. Elle savait le risque qu'elle prenait mais, dans cette folle époque, qui se préoccupait du lendemain ? Bien sûr, après avoir passé la soirée à parler et à boire, elle avait couché avec lui. Il était revenu le lendemain, puis le surlendemain.

Et c'est non loin de chez elle qu'il avait été cueilli par la Gestapo qui le pistait depuis longtemps. Hans Mayer, mis au courant de son incartade, lui avait fait une scène : il lui reprochait de l'avoir trompé, qui plus est avec un résistant gaulliste, ce qui risquait de mettre fin à sa carrière. Elle en avait profité pour rompre. D'abord, sa situation à la Continental en avait pâti : Hans Mayer, furieux, l'avait insultée, menacée, puis, au bout d'un mois, était revenu à de meilleurs sentiments. Elle avait pu reprendre ses activités d'actrice pour la Continental.

Elle ignorait que cette passade d'un soir lui éviterait beaucoup d'ennuis. Car, emprisonné à la prison de Fresnes, torturé, condamné à la déportation à Dachau par le tribunal militaire, le bel homme brun allait s'échapper en sautant du train qui le conduisait à une mort certaine. Ayant réussi à gagner Alger, engagé dans l'armée de De Lattre, il témoignerait un jour en sa faveur.

4

Le président Marchandeau ne décolérait pas. Dans ses petits yeux gris passaient des éclairs de tempête. On l'écoutait d'un air pénétré comme un oracle. Mais un oracle submergé par les événements devant lesquels il semblait impuissant. Il avait réuni des amis politiques, des hommes de gauche opposés au pouvoir personnel, dans un cabinet particulier du restaurant Lapérouse. Un mauvais choix symbolique qui augurait mal de son plan de reprise en main : à commencer par son homonyme, La Pérouse lui-même qui avait fait naufrage et dont l'équipage avait péri corps et biens. Quant au restaurant, il illustrait de façon caricaturale la politique du passé, vieillotte, jacassante, gastronomique, banquetière, franc-maçonne, départementale. Dans ce décor rococo, très Napoléon III, aux plafonds peints et aux trumeaux décorés, semblait flotter le souvenir des adultères, de cocottes, d'horizontales. Il imprégnait ce lieu d'un parfum de volupté resté accroché aux tentures.

Les convives ne dissimulaient pas leur inquiétude devant la gravité d'une situation qui leur échappait. Ils étaient encore sous le coup de la surprise comme s'ils avaient été dupés par un génial prestidigitateur. Le Général, nommé président du Conseil par le président de la République à la place de Pierre Pflimlin, avait eu beau être investi par l'Assemblée, il restait l'homme lige et l'obligé des généraux d'Alger. Ce n'était ni plus ni moins qu'un coup d'État auquel on conférait une apparence de légalité. La République était en danger. Il fallait faire front. La gauche ne pouvait pas se laisser déposséder de la démocratie sans réagir.

Pour le président Marchandeau, qui avait défait la serviette blanche amidonnée retenue par son col de chemise, la démocratie était certes un mot très employé, rhétorique, aussi flonflonant que la musique municipale ; un mot démonétisé par l'abus qu'on en fait à tout bout de champ, de discours, de proclamations humides, comme les milliards de marks de la République de Weimar avec lesquels on ne payait même pas un quignon de pain. Mais la menace de la dictature redonnait à ce mot de la vigueur. Il se dressait fier sur ses ergots comme le coq gaulois, il prenait sa force dans les volontaires de Valmy, se colorait du sang des victimes des barricades du 2-Décembre et des martyrs de la Résistance.

Le président Marchandeau éprouvait un profond dégoût pour toutes les entorses faites à la démocratie. Cela lui faisait presque physiquement mal quand on malmenait la légalité. Son âme austère et exigeante de juriste se hérissait. Évidemment, son cas personnel le préoccupait puisqu'il illustrait le régime parlementaire. Mais, au-delà de lui-même, c'était son idée de la France républicaine qui était atteinte. Son idée de la France se restreignait à la République. Bien sûr, il admettait qu'il procédait ainsi à une fiction injuste en réduisant treize siècles d'histoire, les Capétiens, les cathédrales, à moins de deux cents ans de République. Il le faisait avec la même sincérité, la même bonne foi religieuse, que les Jivaros mettent à réduire de trois quarts les têtes de leurs ennemis pour pouvoir les porter à leur ceinture.

Mais ceux que le président Marchandeau exécrait particulièrement, c'étaient les militaires. Dans sa détestation, il incluait tout : les généraux, les galons, les képis, la gloriole. Il les voyait comme des ennemis héréditaires de la République, toujours en mal de complots, d'insubordination, de coup d'État, de *pronunciamiento*. Des factieux professionnels en puissance. Il était resté le pacifiste admirateur de Jaurès, partisan de la paix séparée défendue par Caillaux, de ces hommes qu'on avait abattus pour complaire aux galonnés et à leurs comparses. Il avait été hostile à la guerre d'Indochine et avait œuvré pour faire aboutir la solution Sainteny. En vain. Et pourquoi s'était-on débarrassé du maréchal Leclerc ? Il voulait faire la paix avec Hô Chi Minh. Tant d'occasions perdues, de civils massacrés, de soldats estropiés. Tout cela pour rien. Et l'Algérie allait suivre la même voie. Le Général serait prisonnier des militaires.

Le président Marchandeau avait le sentiment d'assister à l'écroulement d'un monde. Il sentait en vieux renard des scrutins que les législatives ne lui seraient pas favorables. L'opinion flambait pour le Général. Alors on continuerait la sale guerre avec les Massu, les Salan, les Bigeard.

Il se sentait déjà écarté, dévalué, mis au rancart. La gauche, cette famille dans laquelle il avait cru, allait s'effilocher et sombrer dans la tempête. Il fallait quand même se battre. Manifester. Appeler les vrais républicains à se ressaisir. Surtout ne pas baisser les bras.

5

Demeuré seul dans le cabinet particulier du restaurant Lapérouse — mauvais signe ; en d'autres temps, les flatteurs seraient restés pour faire leur cour —, le président Marchandeau se fit apporter le journal *Le Monde*. Et il alluma consciencieusement sa pipe après l'avoir bourrée de tabac Amsterdamer. Il parcourait les titres du journal lorsqu'un de ses amis politiques, un petit barbichu aux grosses lunettes d'écaille nommé André Blanchard, vint le rejoindre. Il avait participé au déjeuner mais sans dire un mot. Et il revenait, tout le monde parti. Cette discrétion révélait un homme prudent, habitué des manœuvres occultes. Il avait été chargé de mission au cabinet de Blum et s'était spécialisé dans les affaires délicates. Depuis dix ans, il occupait un poste de préfet surnuméraire au ministère de l'Intérieur, officieusement chargé des Renseignements généraux.

— Président, je peux vous dire un mot ?

— Bien sûr. On va à la catastrophe, répondit le président en lui montrant les gros titres du journal.

Aucune expression n'apparut sur le visage du visiteur qui n'acquiesça ni ne démentit cette sinistre prophétie. Il prit le bras du président Marchandeau et l'entraîna vers la fenêtre qu'il ouvrit grand. L'air frais de la Seine pénétra dans la pièce, mêlé aux gaz d'échappement et au bruit des voitures qui créait un brouhaha sur le quai des Grands-Augustins. La Seine étincelait sous les feux apaisés du soleil d'octobre. D'abord surpris, le président Marchandeau comprit aussitôt la manœuvre. Il dirigea son doigt vers le plafond avec une mine interrogative. André Blanchard opina, signifiant qu'en effet des micros étaient branchés. Ils se penchèrent sur l'appui de la fenêtre pour rendre inaudible tout enregistrement de leur conversation.

— Je voulais vous prévenir. Méfiez-vous. Vous gênez en haut lieu.

— Moi ! dit le président Marchandeau à voix basse sur un ton faussement modeste, qui n'abusa pas son interlocuteur. Mais qui donc, grand Dieu ?

— Vous le savez très bien. Les législatives auront lieu

dans deux mois et, ensuite, ce sera l'élection présidentielle. C'est ce qui les préoccupe. Vous seriez un candidat dangereux. Certains se demandent comment vous casser les pattes.

Le président Marchandeau à son tour ne manifesta aucune réaction. Il ne voulait à aucun prix laisser voir à quel point son sang bouillait à l'idée de cette présidentielle qu'il s'estimait digne de gagner. Du moins si le mot République avait un sens. Car qui plus que lui avait donné des gages d'attachement à cette République ?

— Merci, cher ami, c'est chic de votre part de me prévenir. Mais tâchez d'en savoir plus sur ce qui se complote.

Puis, en lui posant une main républicaine sur l'épaule, il susurra : « J'ai des défauts, mais vous savez que je n'ai jamais été un ingrat. » C'était exactement la phrase rassurante que voulait entendre André Blanchard qui, tout en partageant les convictions de son vieil ami, ne se sentait aucune vocation pour le martyre. Il se demandait vers qui la balance du destin pencherait. Si c'était du côté du président Marchandeau, il était maintenant garanti, si c'était de l'autre côté, celui du Général, eh bien, il faudrait se faire une raison et continuer à servir.

À nouveau seul, le président Marchandeau s'abandonna à la méditation. Il sentait une angoisse ancienne remonter à la surface de sa conscience. En politique, à un certain niveau de responsabilité, on ne sait jamais de quoi on est menacé. Le danger est partout. On ne peut faire confiance à personne. Selon un processus habituel, il égrenait le chapelet — le seul chapelet que ce fils de la Lumière, franc-maçon patenté, eût jamais pratiqué — des mauvais procès qu'on pouvait lui intenter.

Défaut de la cuirasse, talon d'Achille. Qui peut se vanter d'être à l'abri d'une introspection un peu rigoureuse ? On peut toujours monter une cabale. Les sources de la diffamation sont infinies. Mais pour que celle-ci prenne corps, il faut un argument solide. Il songeait à sa femme, mais qui oserait s'acharner sur cette malheureuse ? À quelques amis pas très scrupuleux auxquels il avait rendu des services contre des avantages financiers substantiels (une routine), pas de quoi fouetter un chat ni alerter la Cour des comptes. À ses impôts : non, il était particulièrement méticuleux sur ce sujet qui enflamme les contribuables. Alors ?

Soudain, avec effroi, il songea à ce mauvais rêve qui revenait le hanter. Il était de notoriété publique qu'il avait eu une conduite impeccable pendant la guerre. Médaillé de la Résistance, il avait eu droit à tous les brevets de civisme et de courage à une exception : il n'avait pas été admis dans la cohorte prestigieuse des Compagnons de la Libération. Il avait payé cher son indocilité. On appréciait peu à Covent Garden les liens étroits qu'il entretenait avec le SOE anglais. Sur son passé de résistant, il n'y avait rien à redire, ce qui n'était pas le cas de tout le monde. Sauf ceux qui étaient morts : les torturés, les déportés, les fusillés, eux, n'avaient profité de rien, ni des appartements réquisitionnés, ni des voitures de fonction, ni des juteux conseils d'administration.

Ce qu'on ignorait, il n'avait jamais mis personne dans la confidence, c'est qu'en mai 1943 il avait été appréhendé au métro Pompe par deux agents en civil qui l'avaient conduit à l'hôtel Lutetia au siège de l'Abwehr. Là, on l'avait laissé mijoter pendant trois heures avec ses angoisses, seul, dans un cagibi sans fenêtre. Il avait eu le temps de faire défiler tous les périls qu'il courait : la torture, le supplice de la baignoire, les ongles arrachés, la déportation ou l'exécution à l'aube au mont Valérien. Il appartenait au réseau Frenay qui, justement, le lendemain devait se réunir rue Dufour, à trois cents mètres de ce même hôtel Lutetia. Il avait eu le temps de se poser la question : résisterait-il à la torture ? Il n'avait ni ampoule de cyanure ni aucun autre moyen d'attenter à ses jours. Cette perspective ouvrait pour lui un dilemme : son pacifisme, qui était la conviction la plus ancrée dans son cœur, ne comportait pas seulement la haine de la guerre, mais l'amour de la vie, la vie des autres, mais aussi la sienne. Le seul vrai bien auquel ce libre penseur était attaché puisqu'il n'attendait rien d'un ciel vide.

On l'avait sorti de son cagibi et, après lui avoir rendu sa cravate, sa ceinture et ses lacets, on l'avait conduit au troisième étage par un grand escalier. En sortant de son cagibi, il avait aperçu un jeune homme, le visage en sang, vêtu d'un maillot de corps ensanglanté. Leurs regards s'étaient croisés. Et ce qu'il avait vu dans le regard plein de fierté de cet homme aux yeux bleus, c'était une terrible interrogation : était-il promis au même sort que lui ou était-il un mouchard venu apporter sa provende de dénonciations ? Ce regard, comment l'oublier, comment effacer de sa mémoire la muette supplique qu'il ne pouvait formuler ? Outre l'appel à l'aide, l'angoisse devant la mort, il y avait vu son horoscope dans l'horreur.

On l'avait conduit dans un vaste bureau où se tenait un homme en civil, assez élégant, qui s'appuyait sur une canne. Il entra droit dans le vif du sujet.

— Je m'appelle Hans Straten, j'ai travaillé à l'ambassade ici avant la guerre. J'ai été blessé à Bar-le-Duc et laissé pour mort. J'en ai réchappé. Maintenant, j'ai la charge d'une mission politique. Ce qui compte désormais pour nous, ce n'est pas seulement d'éradiquer la Résistance, c'est de faire la part du bon grain de l'ivraie : la mauvaise, les communistes, que nous détruirons, et l'autre, la raisonnable, la nationale, avec laquelle nous pouvons discuter et avoir des points d'accord. Je sais tout de vous. Demain, vous allez vous rendre à une réunion de votre réseau rue Dufour. Nous savons exactement qui y sera. Nous ne vous demandons pas de trahir puisque nous savons tout. Mais simplement d'y assister comme si nous ne nous étions jamais parlé. Je vous contacterai. Mon nom de code sera Clovis.

Il était sorti du Lutetia, étonné d'être vivant. En se glissant dans la nuit, il craignait qu'on ne l'ait vu sortir. Il avait cherché un café pour boire un remontant. Il en avait trouvé un au coin de la rue des Saints-Pères. Un réverbère s'était allumé rue de Sèvres. Il l'avait fixé longuement avec un sentiment de reconnaissance, presque d'extase, d'avoir retrouvé cette vie qu'il aimait tant.

Contrairement aux consignes, il n'avait pas révélé cette rencontre à ses chefs. Il s'était contenté d'adresser un message codé pour dire qu'il se sentait grillé et ne viendrait pas à la réunion de la rue Dufour. Puis il avait demandé en urgence son évacuation par Lysander. Il avait dû attendre une semaine le signal de son rapatriement. Enfin, un avion l'avait cueilli dans une clairière près de Nyons et ramené à Londres d'où il avait gagné Alger. Son comportement avait été jugé frileux mais on l'avait mis sur le compte de la paranoïa qui guette tous les agents dans la clandestinité. L'affaire avait été vite oubliée. Il y avait vraiment d'autres problèmes plus importants à résoudre dans le marigot d'Alger où les grands crocodiles se disputaient le pouvoir sous le regard impassible de Roosevelt.

Restait cet homme ensanglanté au regard bleu. Qu'était-il devenu ? Était-il mort ? N'allait-il pas resurgir un jour ?

6

Le procureur Mabin était descendu de son cheval bai qu'il tenait par la bride. Toscan avait perdu un fer et boitait. Une écume blanche sortait de ses nasaux. Il était fourbu. Son cavalier l'avait mené trop rudement pendant la chasse, d'autant que son poids et son peu de maîtrise en équitation — il tirait trop fort sur la bride et montait sans souplesse — épuisaient l'animal. Dans sa tenue de bouton de l'équipage La Rosière, redingote écarlate à parements jaune canari de chez Bonnardot, bombe en velours noir, gilet blanc, épingle, gants blancs, on aurait eu du mal à reconnaître monsieur le Procureur. Il avait fière allure. Moins maintenant qu'il était descendu de sa monture. Un cavalier et un cheval arquant, ça n'a plus vraiment le même prestige. Cet équipage de chasse à courre, le plus fameux de Normandie, appartenait à la famille de sa femme et il jugeait de son devoir de participer au maintien des traditions familiales. Ses muscles fessiers, malmenés, dussent-ils en souffrir. Car il montait mal et, en dépit des conseils, n'avait pas d'assiette.

Tout en rejoignant un peu piteusement l'équipage en se guidant au son des trompes de chasse qui sonnaient l'hallali, il méditait sur les événements politiques qui se déroulaient à Paris. Le retour imprévu du Général comme président du Conseil allait forcément avoir des conséquences sur les promotions. La magistrature est un corps très sensible à la météorologie politique. Le tableau allait être bousculé. Le garde des Sceaux devait déjà être à la manœuvre pour favoriser ses affidés. Et que je te place Untel, et que je te remplace Untel... Le jeu habituel. Et le procureur, certain d'obtenir sa promotion tant désirée de procureur général — âge, états de service, tout y était —, était inquiet de ce chambardement qui risquait de tout remettre en question.

Il passait en revue avec précision dans ses archives mentales personnelles, il était hypermnésique, les dossiers qu'il avait traités susceptibles de le faire entrer dans les bonnes grâces du pouvoir en place. Il se félicitait de n'avoir eu par chance sous l'Occupation que des affaires secondaires : crimes passionnels, marché noir, trafics divers, sans aucune incidence politique. Évidemment, il y avait cet épisode désagréable de la disparition de l'ataman Margenski. Elle était enterrée, à moins justement qu'on ne déterre un cadavre. Mais qui cela gênerait-il, sauf les communistes qui prenaient des mines d'enfants de chœur surpris en train de siffler le vin des burettes ? Ils protestaient haut et fort qu'ils n'étaient pour rien dans ces méthodes expéditives avec lesquelles ils avaient rompu depuis la mort de Staline. La même mine chafouine qu'ils prenaient lorsqu'on leur parlait des sinistres agissements dans le domaine de Beauregard, qui bénéficiait du privilège d'exterritorialité au profit des Soviétiques.

Il avait confiance dans la force d'inertie de ce grand corps prestigieux auquel il était fier d'appartenir. Sa promotion lui semblait procéder d'une évidence. Il en éprouvait d'avance un sentiment de justice comme toujours lorsqu'on est couronné pour un mérite indéniable, hors de toute contestation. Déjà, il se réjouissait pour les avantages de tous ordres que lui vaudrait sa promotion et pour toutes les manifestations et congratulations qui mettraient sa modestie à rude épreuve. Ce serait aussi une manière de faire honneur à sa belle-famille, particulièrement à son irascible et vaniteux beau-père, envers lesquels il nourrissait, sans vouloir se l'avouer, un bizarre complexe d'infériorité.

Songeant à son beau-père, son sang se glaça : il eut la sensation qu'on lui glissait dans le dos sous sa chemise une poignée de neige. Tout à son sentiment de vénération familiale, il avait oublié le rôle qu'avait joué sous Vichy cet inconditionnel de Pétain, maire de son village de Normandie où il avait pavoisé en l'honneur du Maréchal qui avait donné sa personne à la France. Mieux encore, il avait cru bon de s'exposer aux premières loges lors de la translation des cendres de l'Aiglon aux Invalides en compagnie des plus hautes autorités de la France occupée. Et s'il n'avait pu serrer la main du Führer à cette occasion, il le regrettait, ce n'était pas de son fait. Cet enthousiasme intempestif pour l'occupant lui avait valu des ennuis à la Libération : ennuis qui, loin de l'amender, n'avaient fait que le renforcer dans son vichysme et dans la détestation des vainqueurs et du « général de brigade à titre temporaire » qui s'était institué leur chef.

Le procureur s'arrêta au pied d'un magnifique chêne pédonculé. Il sortit son mouchoir et épongea son front en sueur. Quel moyen allait-il trouver pour reléguer dans l'ombre les frasques de son beau-père qui devaient faire partie de son dossier à la Chancellerie et qu'une belle âme ne manquerait pas d'exhiber ? Il caressa avec affection l'encolure de son cheval qui l'observait avec de gros yeux vides pleins de reconnaissance (non pas tant pour ses caresses que de l'avoir délivré de son corps pesant qui lui brisait l'échine). Et il adressa à sa monture un regard tendre, comme s'il attendait de l'animal une réponse à la question qui le tourmentait.

7

Le Chalet du Bonheur est un restaurant du bois de Boulogne situé dans une île du lac. Maria Berdaiev avait décidé d'y emmener Éric déjeuner pour profiter de ce dernier beau jour d'octobre. Le temps était encore chaud et un doux soleil faisait resplendir les teintes fauves des feuilles mortes. Éric était venu la prendre rue Murillo dans sa Volkswagen décapotable qui, elle aussi, était pimpante comme un sourire d'été. Une barque les avait déposés au restaurant, qui n'offrait pas un grand intérêt en matière gastronomique mais assurait un réel dépaysement. On y sentait encore l'été au milieu des relents de vase qu'exhalait le lac, mais surtout le flirt, les baisers volés, les promenades en barque sous le regard méprisant des cygnes, et toutes ces permissions qu'accorde la vie pour rompre la monotonie du paysage quotidien. Un lieu propice au rêve.

Maria Berdaiev était d'excellente humeur, heureuse de retrouver Éric pour elle seule. Leonora Drago avait eu la bonne idée de regagner Turin pour résoudre ses démêlés avec son mari. Ces retrouvailles dans ce lieu l'enchantaient. Elle aimait tout ce qui participait aux illusions de l'amour avec lui. Une étrange correspondance avec les souvenirs d'Ibiza tout aussi féeriques : la chambre du Corsario, le Lola's, le bateau qui s'éloignait rattaché par des rubans multicolores dans ce port qui sentait la saumure et l'huile rance. Elle aimait le Éric d'Ibiza, celui qui était fou d'elle, qui lui adressait des billets enflammés, qui menaçait de se suicider si elle ne lui accordait pas ce qu'elle avait accordé si facilement à d'autres.

Elle était vêtue d'une robe plissée vieux rose et d'un chapeau d'organdi pour se protéger du soleil. Assise sur une inconfortable chaise en fer, elle écoutait distraitement Éric. Elle avait plus besoin de sa présence que de ses paroles. Il la rassurait. Elle avait l'impression d'être à nouveau aux côtés d'Anton, son jumeau. Ils avaient le même air insouciant de dilapider la vie, les instants, les amours. La même nonchalance à vouloir occuper une position et à devenir quelqu'un d'important. Comme si dans la vie l'essentiel était seulement de cueillir des instants et de ne jamais rien construire de stable. Folâtrer sur l'impermanence des choses. Avec Éric, elle éprouvait toujours ce sentiment poignant de regret de ce qui aurait pu être et ne serait pas. Mais tant de choses laissent un goût amer. Éric parlait, lui, de ses reportages en Algérie, du climat étouffant qui régnait, du risque de la guerre civile. Elle l'écoutait sans vraiment l'entendre, l'esprit ailleurs. Elle avait envie de faire glisser la conversation sur le terrain de Leonora Drago : mais elle risquait de ne pas avoir la réponse qu'elle souhaitait. Elle aurait tant aimé qu'il lui avoue sa déception, l'ennui qui le prenait en sa compagnie, la futilité de sa conversation.

Après le déjeuner, ils se promenèrent sur l'île. Les remugles de vase se mêlaient à l'odeur des feuilles mortes qui pourrissaient. N'en pouvant plus de s'être contrainte, elle lui posa la question qui la brûlait :

— Et Leonora ?

Il baissa la tête, puis la regarda droit dans les yeux.

— Oui, cette fois, je suis bien pris.

Maria Berdaiev se sentit accablée. Mais elle ne manifesta rien de ce qu'elle ressentait.

— Enfin une bonne nouvelle, dit-elle sur un ton exubérant.

— Non, dit Éric d'un ton sombre, Sylvie est enceinte.

— Vous avez toujours aimé les complications, s'exclama-t-elle sur ce mode mondain qui avait le don d'exaspérer Éric : comme si toutes les choses du monde devaient être prises sur le même pied, léger et indifférent.

— Il faut rentrer, dit-il, j'ai un article à écrire.

Sur le ponton de débarquement, une vieille femme outrageusement maquillée, les paupières bleues, dans une tenue folklorique, accueillait les passagers qui débarquaient. Elle leur vendait des petites poupées en chiffon ou des bracelets de pacotille. Elle s'adressa à Maria Berdaiev en russe. Elles parlèrent un long moment. Éric s'impatientait. Maria Berdaiev ouvrit son sac et lui donna de l'argent avant de rejoindre Éric à sa voiture.

— Comment a-t-elle su que vous étiez russe ?

— C'est une chamane du lac Baïkal. Elle m'a dit des choses qui m'ont bouleversée.

— Que vous a-t-elle dit ?

— Elle m'a parlé de mon frère. Elle m'a dit qu'il avait trouvé la paix dans le Tenguéris, le paradis des chamanes.

Elle se tut tandis que la voiture décapotée remontait l'avenue de la Grande-Armée.

— Mon frère, Anton, était féru de chamanisme sibérien. Il ne savait pas que cette passion le conduirait à la mort.

8

La princesse Oborov avait bien sûr raconté à Anton les épisodes de sa guérison miraculeuse de la diphtérie par la chamane de Sibérie à force d'incantations et de plantes sauvages, en 1918, à l'époque où ils fuyaient l'Armée rouge, mais jamais celui-ci n'avait pour autant manifesté d'intérêt pour ces pratiques initiatiques. Il avait plutôt un esprit positif et ne montrait pas d'attrait pour les sciences occultes. Ce n'est qu'à dix-huit ans, en 1936, alors qu'il était en hypokhâgne à Henri-IV, qu'il avait découvert un ouvrage chez un bouquiniste, *Au cœur du chamanisme sibérien*, en fait une thèse, écrit par une certaine Vorovna Michailovna, publié par des éditions universitaires. Le livre l'avait passionné. Surtout, il lui avait ouvert de nouveaux horizons. Il avait compris à quel point il s'était enfermé dans un rationalisme étroit.

À quelque temps de là, installé à la terrasse du café Le Procope, il discutait avec Vassili, son meilleur ami, le fils de la comtesse Kouraguine. C'était un garçon râblé, tendre et attachant, extraordinairement chaleureux et volubile, quand il n'était pas en proie à d'étranges crises de mélancolie qui le terrassaient, alors qu'Anton, sans être renfermé, était d'un caractère moins démonstratif. Racontant des histoires drôles ou piquantes, il se moquait toujours de lui-même, déployant une ironie souvent féroce. Il faisait penser à Mercutio, l'ami de Roméo, amoureux de la fée Mab. Étudiant en architecture, après plusieurs séjours à Prague et à Berlin, il s'était entiché de Walter Gropius. Il avait suivi les cours du Bauhaus à Dessau-Rosslau et les leçons du grand Mies van der Rohe. À Munich, il s'était passionné pour l'Allemagne, non l'Allemagne prussienne, guerrière, militariste, mais l'Allemagne irrationnelle, ténébreuse, de la mythologie wagnérienne et des châteaux de Louis II. D'abord attiré par l'esthétique des manifestations nazies, les retraites aux flambeaux, les exaltations de la force virile, il en avait vite discerné les poisons. Grâce à Stefan George qui allait lui dessiller les yeux.

Vassili se fiançait partout où il séjournait et rompait tout aussi vite. Sa mère se désolait de son instabilité et désespérait de ne « pas avoir petits-enfants ». Cette instabilité, lui-même la mettait sur le compte de son déracinement. Il ressassait le rêve d'un retour en Russie. Il était convaincu que seules des retrouvailles avec la terre natale mettraient fin à son mal d'être. Cette fois, il revenait de Munich encore ébloui par sa rencontre avec le poète Stefan George. Ce sage, disciple de Mallarmé, d'une beauté ténébreuse, animait un cénacle de jeunes admirateurs qui cherchaient la vérité dans un symbolisme ésotérique. Les jeunes disciples de ce gourou, tous très beaux, communiaient dans l'amour de la poésie, les soirées au clair de lune, les bains de minuit dans les eaux transparentes du lac de Constance. À la sortie du bain glacé, à la faveur de frictions viriles devant un grand feu de bois, se produisaient de furtives étreintes. C'est au cours de ce séjour, Vassili se garda bien de l'avouer à Anton, qu'il avait découvert son homosexualité.

Alors qu'Anton évoquait, lui, sa conversion à la magie du chamanisme sibérien, deux jeunes filles — l'une était une jolie rousse aux yeux verts — s'étaient installées sur le guéridon voisin. Elles se parlaient en russe. Quelle aubaine ! Les deux garçons entamèrent la conversation. Très vite, ils découvrirent que la jolie rousse était la fameuse Vorovna Michailovna, auteur du livre sur le chamanisme. Ils découvrirent aussi qu'ils étaient amoureux d'elle, bien qu'elle eût dix ans de plus qu'eux. C'est ainsi qu'avait commencé entre les deux amis une de ces concurrences amoureuses qui, en général, s'aigrissent vite. Comme ils étaient loyaux, du moins au début, chacun informait l'autre de ses progrès dans la conquête du cœur de Vorovna. Celle-ci vivait avec un professeur de littérature comparée à la

Sorbonne. Elle avait un penchant plus prononcé pour Anton. Mais elle hésitait à franchir le pas : après lui avoir accordé un baiser fougueux, elle se montrait glaciale le lendemain.

Anton avait une conception exclusive de l'amour. Ce qui n'était pas le cas de Vassili, qui aimait les ambiguïtés d'un ménage à trois. En fait, sans se l'avouer, il aimait plus Anton que Vorovna, mais il trouvait dans cette situation trouble une manière de dissimuler ses véritables penchants que Stefan George et ses disciples l'avaient aidé à découvrir.

9

C'était une vaste yourte en peau de buffle tannée qui sentait le vieux cuir et le lait de chèvre fermenté. Au centre, au pied d'un tronc de bouleau déraciné dont la cime traversait le toit, brûlait un feu de copeaux de bouleau qui dégageait une fumée âcre. Des lampes à huile diffusaient une douce lumière qui, sculptant les visages de l'assistance, laissait dominer l'obscurité. Le chamane frappait avec componction son grand tambour rituel avec un battoir en forme de poisson faisant résonner les grelots. Il était étrangement accoutré d'un habit de cérémonie surchargé d'amulettes. Le chef couvert d'un chapeau à plumes de coq de bruyère, des franges qui ondulaient au rythme de ses mouvements dissimulaient ses yeux. Ses invocations en langue toungouse étaient imperméables au profane : il saluait les divinités en adressant sa prière, la *dourdalga*, au maître du Tenguéris, le monde céleste, Ethé Kairan, le bienveillant créateur universel, celui qui fait tout surgir du monde, la beauté et la laideur, la pauvreté et la richesse, la paix et la guerre. Puis il psalmodiait, saluant les enfants de Tenguéris, intermédiaires entre les esprits et les hommes. Il cherchait à entrer en contact avec les ancêtres.

Anton, entièrement nu, assis sur le sol en terre battue dans la posture du yogi, était l'objet de la purification rituelle : deux jeunes filles brossaient patiemment son corps à l'aide de rameaux de bouleau qui l'enveloppaient d'un parfum où se mêlaient des fragrances de thym et de sapin. Bientôt, une vieille femme servit à Anton dans une calebasse un breuvage amer. Elle lui fit signe de le boire d'un trait. Aussitôt, il ressentit une grande chaleur dans tout le corps tandis que sa conscience sombrait, assaillie de fantasmagories. Il lui semblait qu'il s'éloignait du monde réel pour pénétrer dans le territoire des esprits. Il avait l'impression qu'il accomplissait un long voyage dans l'obscurité où, de temps à autre, apparaissaient les éclairs d'une lumière vive. Soudain, il vit se dessiner une croix qu'il reconnut facilement : la croix orthodoxe, à deux branches, avec la barre inférieure inclinée. Mais, après un autre voyage dans un paysage escarpé de montagnes arides, une autre croix était apparue, très semblable à la précédente, qui, elle, était la croix de Lorraine. Il ne comprit pas la signification de ce présage symbolique. Et quand, beaucoup plus tard, il le découvrit, il était au bout du chemin de sa vie.

Quand il reprit ses esprits, allongé entre deux couvertures en fourrure, il vit Vorovna penchée sur lui.

C'était elle qui avait organisé ce voyage, en ce mois de mai 1937, dans un coin perdu de la Carélie orientale. Il ressentit un grand sentiment de douceur, semblable à une réconciliation avec lui-même, à retrouver le visage de la femme qu'il aimait. Après ce mystérieux voyage à l'intérieur de lui-même, il prenait conscience de la fragilité de sa vie. Mais ces signes, fallait-il qu'il tente de déchiffrer leur message ? Mieux valait vivre, ne pas s'interroger sur l'avenir, aimer Vorovna, qui, elle-même, il le savait, comme tout grand amour, était un signe.

10

De grands candélabres en bois doré éclairaient la salle tendue de velours rouge. Les musiciens tsiganes tiraient des sons toujours plus douloureusement frénétiques de leur balalaïka. On avait beaucoup bu, plus encore que de coutume. Les convives bien éméchés de L'Ours, rue Rambuteau, ne voulaient pas faire mentir la réputation du restaurant. Il s'agissait de fêter dignement l'anniversaire de Vassili, le 10 novembre 1937. Celui-ci ne participait pas à la fête avec son entrain habituel mais d'un air boudeur. On le sentait ailleurs, préoccupé. Il semblait assister à la liesse qui l'entourait en simple spectateur, comme si elle ne le concernait pas. Vorovna s'en inquiétait, mais Anton l'avait rassurée. Il avait l'habitude des sautes d'humeur de son ami. Il savait qu'il pouvait passer sans transition d'une folle gaieté à la mélancolie la plus sombre. Au fur et à mesure que la soirée avançait, Vassili plongeait de plus en plus dans la morosité. Il avait déjà beaucoup bu, mais on le sentait avide de se perdre dans l'ivresse. Anton voulut éclaircir la situation. Le prenant à part, il lui demanda ce qui n'allait pas. C'est alors que la colère de Vassili explosa. Une colère froide, exaltée par les vapeurs de l'alcool. Cela faisait plusieurs jours déjà qu'il se contenait. Mais le faux-semblant de cette fête d'anniversaire était plus qu'il n'en pouvait supporter. Il s'estimait trahi par Anton. Il se mit à l'insulter, révélant la raison de sa mauvaise humeur. On ne le reconnaissait plus. Il devenait violent et injurieux, s'en prenant à Vorovna qu'il traitait d'hypocrite et qu'il accusait de vouloir le brouiller avec Anton.

Vassili venait en effet d'apprendre l'escapade d'Anton en Carélie. Il se sentait blessé. Pis, humilié, abandonné. Non pas tant à cause de l'aveu que celle-ci constituait sur la liaison d'Anton et de Vorovna : il se doutait depuis longtemps qu'ils couchaient ensemble. Il l'admettait, certes pas de bon cœur, mais à la condition de n'être pas tenu à l'écart de leur secret. Il n'avait jamais eu pour la spécialiste du chamanisme qu'un amour platonique et désincarné, dépourvu d'attrait sensuel. Et sa rivalité avec Anton pour la séduire lui semblait faire partie d'un jeu. Ce qui, en revanche, l'atteignait cruellement, c'était de ne pas avoir été mis dans la confidence, d'être exclu de leur complicité. Leur dissimulation à son égard le peinait. Il se pliait volontiers à ce rôle de simple spectateur de leur liaison, mais à la condition de partager leur intimité, d'être admis dans leurs secrets. Il ne voulait pas seulement être le voyeur de leur amour mais le partager. Quand il imaginait leurs ébats, cela lui procurait des sensations à la fois cruelles et délicieuses. Il aimait Anton d'un amour désormais spiritualisé. Il acceptait qu'il ne fût jamais question d'étreinte entre eux, de ces étreintes dont il avait connu la jouissance fulgurante dans la nuit bavaroise, au bord du lac de Constance, en compagnie des beaux disciples virils et tendres de Stefan George. Son désir n'était donc plus de posséder Anton physiquement mais de s'immiscer par la pensée dans ses corps-à-corps voluptueux avec Vorovna.

C'est pourquoi il rêvait tant d'un ménage à trois. Qu'il eût la part du pauvre lui importait peu. Il eût voulu être constamment présent avec eux et même entre eux, respirer l'air qu'ils respiraient, humer le parfum de leurs corps. Il lui était insupportable qu'ils puissent lui dissimuler une part de leur vie. Il aurait aimé ne faire qu'un avec eux.

Et voilà qu'ils étaient partis sans lui en Carélie. Sans rien lui dire. Et non pas pour un simple voyage d'agrément ou de tourisme, mais pour se livrer à une mystérieuse opération ésotérique. Cette initiation était aussi une forme de trahison. Anton aurait accès à un monde où il ne pourrait jamais le rejoindre. Il accroissait sa différence avec lui. Il ne l'estimait pas digne de le suivre sur le chemin de la connaissance. Lui qui ne rêvait que de se rapprocher de lui, il le voyait s'éloigner dans un autre monde. Il soupçonnait Vorovna de vouloir les séparer. S'était-elle agacée d'une connivence dont elle était jalouse ? Plutôt que de mettre Anton en cause, il cherchait à incriminer Vorovna dans le possible éloignement de son ami. En fait, Anton, en dépit de son attachement pour Vassili qu'il aimait comme un frère turbulent, avait voulu échapper à la tyrannie de son affection toujours insatisfaite et douloureuse. Il était d'autant plus soucieux de l'écarter du couple qu'il formait avec Vorovna que Vassili se montrait trop empressé auprès d'eux et les asphyxiait de son encombrante sollicitude.

Surtout, aux yeux d'Anton, ce voyage n'était pas comme les autres. Il ne s'agissait pas de voir des paysages et des tribus folkloriques mais d'approcher de la vérité. Une vérité symbolique où il découvrirait les clés de sa vie. Il craignait l'ironie et le scepticisme de Vassili, très peu adapté à ce genre d'expérience spirituelle.

Quoi qu'il en soit, cette mise à l'écart avait provoqué chez Vassili une véritable dépression. De nature cyclothymique, coutumier de ces crises de cafard, il avait gardé pour lui sa rancune et sa tristesse. Maintenant, sous l'effet de l'alcool, il ne pouvait plus retenir son agressivité. Il se serait même volontiers battu avec Anton si celui-ci n'avait pas multiplié les marques d'apaisement. Il sentait la fureur monter en lui, excitée par les folles injures qu'il proférait. Soudain, comme frappé de stupeur, des larmes brillèrent dans ses yeux et il éclata en sanglots. C'est ainsi que finit sa fête d'anniversaire, dans les larmes, la honte et la contrition.

C'est après cette soirée qu'il décida de partir pour les États-Unis et de rejoindre Gropius à New York. Mais il ne s'était pas entendu avec le grand maître du Bauhaus. Une lubie qui n'avait pas résisté à l'épreuve des réalités. Comme d'habitude, il s'y était fiancé, à Pittsburgh ; et, comme d'habitude, il avait rompu. Revenu au bout d'un an, Vassili et Anton avaient fêté leurs retrouvailles non plus à L'Ours, qui leur rappelait un mauvais souvenir, mais au Vorodine, un autre restaurant de Tsiganes, de la porte Champerret, au cours d'une fête à tout casser, quelques jours avant l'invasion allemande.

11

Les jardins de l'Hôtel Matignon étaient assaillis par la nuit brumeuse de novembre que le crachin rendait plus lugubre encore. L'heure propice aux sorcières de *Macbeth* pour lancer leurs prophéties fatales. Le Général à son bureau du premier étage venait de faire entrer son visiteur, le seul dont le nom n'était jamais inscrit sur le registre des audiences. Un petit homme chauve, mobile, aux yeux globuleux, le nez pointu, les joues flasques et le regard toujours de biais. Personne ne savait jamais de quoi il allait s'entretenir avec le Général. De l'Afrique qui était sa chasse gardée ou de quelque autre question obscure dont lui seul pouvait démêler les fils embrouillés.

Pour le Général, ce petit homme dodu au petit bedon prospère incarnait tout ce que la politique comportait de sombre, de noir, d'africain, d'occulte, de sorcellerie et de magie noire. Tout ce dont on ne parle jamais dans les cabinets et encore moins dans les conseils des ministres. Le tu, le secret, l'inavouable, cet essentiel que les peuples, ces grands enfants, ne doivent pas savoir. On doit les maintenir pour leur bien dans le théâtre des apparences, les discours, la gesticulation parlementaire, mais ne jamais aborder ce qui se passe sous la ligne de flottaison, dans les cales qui exhalent une odeur de pourriture et de mort.

Entre eux, pas besoin de discours. Ils se comprenaient à demi-mot. Pas de risque qu'un micro indiscret n'enregistre jamais leur conversation. À des interrogations posées de manière volontairement brumeuse et absconse, le Général répond dans un langage de signes, d'acquiescement, de hochement de tête et de bras au ciel. Et apparemment ce dialogue leur convient. Cette manière de faire était une vieille habitude avec les très rares collaborateurs admis au saint des saints de la confiance. Ne jamais prononcer un mot qui eût pu être répété, interprété. Surtout quand la question était vitale avec le responsable des services spéciaux. Est-ce qu'il avait eu besoin de beaucoup de bavardage pour expliquer au général d'Astier de La Vigerie, grand maître du BCRA, le sort que méritait Darlan, ce grand brouilleur de cartes, venu inopportunément rejoindre les Alliés à Alger ? Le dialogue n'avait pas dû ressembler à un parterre de fleurs de rhétorique. D'Astier était assez grand pour savoir ce qu'il avait à faire. De lourdes paupières qui se baissent sur une question très simple et tout est scellé.

Cette fois, on n'avait pas l'excuse de ce bon vieux temps de guerre où un mort de plus ou de moins importait peu. Il fallait jouer finement. Comme au théâtre. Et la démocratie est-elle autre chose qu'un théâtre où il y a des morts qui, certes, se relèvent le rideau baissé, mais qui, pour le public, sont bel et bien morts ?

La question concernait un homme de peu d'importance en soi, s'il n'avait gonflé cette importance jusqu'à se persuader qu'il avait lui-même un destin : il se croyait avoir un rôle à jouer. Et cette ambition était d'autant plus dérisoire et démesurée qu'il ignorait que son époque était révolue, et que l'affaire dépassait de beaucoup ses maigres moyens. Que ne restait-il sagement dans son coin, à réchauffer son petit capital de célébrité passée, à se gargariser de ces honneurs qu'il prisait tant et à jouir de ces prébendes qui accompagnent ces mêmes honneurs ? Mais la pâte humaine, qui n'est pas faite pour le bonheur, surestime ses forces. L'ambition, ce poison, surtout chez les médiocres, gâche tout. Quelle idée présomptueuse avait le président Marchandeau, brave don Quichotte départemental, héros des congrès de la SFIO, très respecté au Grand Orient, de se mettre en travers de la route d'un monument qui avait l'histoire de France avec lui ? C'était prendre un risque mortel. Et point n'était besoin d'employer de grands arguments pour justifier sa disqualification. C'est lui-même qui s'était condamné. Envers lui le Général n'avait jamais marqué la moindre animosité : il lui manifestait cette implacable politesse dont il usait envers ceux qu'il avait décidé d'abattre.

À une interrogation sur son sort posée par le petit homme chauve, suffisamment précise pour être comprise de celui à qui il s'adressait mais assez vague pour n'être entendue par qui que ce soit d'autre, les lourdes paupières retombèrent et aussi les bras dans un geste de lassitude, tandis que la tête fameuse se renversait en arrière, pour signifier que plus rien ne devait désormais arrêter le destin. Tant pis pour les imprudents ! Ce qui vient du néant doit retourner au néant. Cette question purgée, le petit homme s'effaça, laissant le Général seul en tête à tête avec la nuit.

12

Leonora Drago menait à Éric une impitoyable guerre d'usure pour qu'il se sépare de Sylvie. Cette femme aux conceptions si larges, qui fréquentait la meilleure société italienne, qui est aussi la plus libre de mœurs, devenait chaque jour plus jalouse, plus inquisitrice, instruisant un procès, véritable chambre ardente, contre la malheureuse Sylvie qui n'avait d'autre tort que de tenter de préserver son bonheur en face du typhon que représentait la belle Italienne. Née de la liaison morganatique entre un prince Pálffy et une fameuse cantatrice juive de l'opéra de Brunn, ces sang-mêlé où confluaient l'arrogance des magnats, l'irrédentisme rabbinique et la superbe d'une diva orgueilleuse, créaient les conditions d'une personnalité aussi explosive que l'alternance des pressions et dépressions météorologiques à l'origine du typhon. Et sans doute pas plus que le typhon qui n'a de cesse de tout ravager sur son passage n'a conscience des dégâts qu'il provoque, Leonora était loin d'imaginer la brutalité de son comportement, ni son injustice d'enfant gâté.

Sans s'en apercevoir, elle ne pensait qu'à elle. Son moi exorbitant la tyrannisait. Comme certains artistes à la manière de Wagner, rien ne lui paraissait plus important que d'être au service d'elle-même, de ses fantaisies ou de ses plaisirs. Sa beauté, son intelligence et les divers talents dont la nature et l'éducation l'avaient gratifiée justifiaient qu'elle se considérât comme un être d'exception.

Éric, pour lutter contre cette magnifique boule d'énergie et d'arrogance, eut recours à l'expédient que sa lâcheté lui chuchotait d'employer : le mensonge. Avant tout, il fallait gagner du temps. Tant pis si ce stratagème se révélait dangereux, anxiogène et éphémère. Pourtant, il l'aimait comme on aime un être fascinant, qui vous toise du haut de son prestige social avec la conviction de vous être supérieur, mais vous fait le cadeau inespéré de vous aimer. Il l'admirait pour son énergie, comme souvent les êtres faibles et velléitaires cherchent la compagnie des forts pour tenter d'absorber un peu de leur force vitale.

Mais Leonora Drago se faisait chaque jour plus pressante. Il lui semblait humiliant qu'Éric puisse hésiter si peu que ce soit entre elle et Sylvie, qu'elle regardait avec commisération comme un médiocre collage. Elle tenait pour rien les quatre années de complicité, de tendresse, d'affection qui les liaient et la douce habitude que crée la cohabitation. Mais le sang magyar de Leonora était ennemi des demi-mesures. Ennemi héréditaire aussi de la paix bourgeoise, pantouflarde et tranquille, inconcevable pour cette héritière des tribus nomades toujours en quête d'ailleurs, de rapines ou d'herbes grasses.

Éric était pourtant décidé à rompre avec Sylvie. Mais plus Leonora lui serrait la bride, exigeait des dates précises, plus sa résolution s'effilochait. Il ne voulait être ni brutal ni ingrat. Ce que Leonora appelait injustement sa lâcheté, c'était simplement un sentiment qu'elle avait du mal à concevoir : son humanité. En attendant de prendre une décision, Éric vivait dans un climat de suspicion et d'angoisse que survoltait encore la situation de crise au sein de la rédaction de son journal suscitée par le débat sur l'Algérie. Envers Leonora, il était dans la position d'un agent secret, un agent double, qui vit sous la menace d'une dénonciation. Il mentait à Sylvie autant qu'il mentait à Leonora. Il craignait chaque jour de voir son jeu découvert. Il vivait dans une peur diffuse, non celle d'être exécuté comme un agent secret, mais que l'on exécute son bonheur, enfin, ce fragile bonheur qui consistait à concilier dans sa vie un amour ancien, certes attiédi mais confortable, et une passion nouvelle, ardente et dangereuse.

Les exigences de Leonora troublaient Éric, qui aurait préféré laisser le processus de sénescence amoureuse suivre son cours au lieu de le brusquer. Elles hérissaient d'épines une liaison des plus romanesques et des plus chaudes. Car c'était une maîtresse voluptueuse, le fameux sang magyar allumait dans ses veines des frénésies ensorcelantes. Cette même frénésie qui, hélas, se déployait dans ses colères et ses scènes. Pourquoi leurs nuits d'amour, leurs après-midi exaltées, étaient-elles si souvent gâchées par des accès de mauvaise humeur ? À cette nervosité qui aigrissait son caractère, aux foucades de sa fracassante maîtresse, Éric trouvait une explication : l'angoisse qu'il y a à quitter un mari après de longues années de mariage et le vertige devant un avenir dont on ne sait de quoi il sera fait. Cela, Éric le comprenait d'autant mieux que c'était exactement ce que lui-même éprouvait.

13

La DS filait dans la nuit, abandonnant l'épaisse forêt qui ceinturait les abords de Vaucresson pour emprunter l'autoroute. La comtesse Berdaiev sur la banquette arrière fixait les essuie-glaces qui balayaient la pluie sur le pare-brise, manifestant une surprenante indulgence pour le président Marchandeau qui, à son côté, avait baissé la vitre pour fumer son abominable pipe. Régulièrement, les lumières des phares des voitures roulant en sens inverse l'aveuglaient. Elle trouvait une étrange beauté à ce paysage nocturne, luisant de pluie, et aux feux de position qui projetaient un éclat de saphir. D'autant que l'alcool — faute de vodka, elle avait bu plusieurs verres de whisky — la maintenait dans une brume comateuse. Était-ce bien elle qui était dans cette voiture à une heure du matin ? Oui, c'était elle, se disait-elle pour se convaincre. Mais était-ce également elle la protagoniste de cette bizarre soirée dans une prétentieuse villa de Vaucresson ; elle, dans cette vaste chambre tendue de velours cramoisi où autour d'un lit impérial s'étaient déroulées des scènes proches de la fantasmagorie ? Elle revoyait des corps à la fois familiers et étrangers comme peuvent l'être des corps dénudés.

Était-ce bien elle ou sa seconde effigie, toujours son idée empruntée aux Égyptiens des deux corps, le réel périssable et le surnaturel immortel ? Le mystère de son être, qui lui permettait en se dédoublant de rendre responsables de ses actes tantôt l'une tantôt l'autre, l'effrayait. Car cette opposition au fond banale prenait chez elle les proportions d'une profonde dichotomie, comme un divorce de personnalité.

Laquelle de ses deux personnalités avait joué à ces jeux interdits en compagnie de Bob Hollander et de cette fille, plutôt délurée pour son âge, qu'on appelait Claudine, sous l'œil intéressé du président Marchandeau ? Pourquoi avoir accepté de participer à cette copulation vulgaire avec des êtres qu'elle méprisait ? Une forme de fatalisme en même temps qu'une fascination pour ce qu'elle était capable d'être et de faire. Elle avait cédé aux pressions de Bob Hollander qui, avec sa mine sucrée de maître chanteur, disait qu'il agissait pour le bien du président Marchandeau : celui-ci se sentait vieux et ne voulait pas mourir avant d'avoir connu une dernière extase.

Où était le plaisir pour elle ? Certainement pas de voir Bob Hollander prenant en levrette la petite Claudine, avec son corps frêle aux lourdes attaches, ni de le voir s'en prendre à elle-même, de le sentir gigoter sur elle après lui avoir mis son sexe dans la bouche. C'était pourtant ce qui avait conduit le président Marchandeau à l'extase.

Sur le moment, l'alcool aidant, elle n'avait rien trouvé à cette scène que de très banal. Depuis la nuit des temps, les hommes et les femmes refont les mêmes gestes qui ne mènent à rien sinon à explorer le mystère du désir et à en exorciser leur fascination. Mais ce plaisir qu'elle avait donné à tant d'hommes, en avait-elle reçu ? Ce qui l'avait jetée dans leurs bras, ce n'était pas le plaisir, mais la nécessité. Ses inclinations n'avaient joué qu'un rôle si mince. Ce qui avait compté avant tout, c'était de survivre, de s'appuyer sur un bras, de trouver un allié. Le comte Berdaiev n'avait été dans sa vie qu'un de ces choix qu'on croit raisonnables et qui se révèlent des folies. Le président Marchandeau, que représentait-il d'autre ? Il lui apportait la sécurité, le sentiment d'avoir une position, une influence, un train de vie. Et défilaient les amants, Hans Mayer, qui avait promu sa carrière d'actrice, le résistant dont le témoignage lui avait évité les pires ennuis, des producteurs de cinéma, des metteurs en scène, tant d'autres, qui l'avaient aidée à surnager socialement ou à acquérir une petite célébrité, sans que jamais son cœur battît pour eux. Seule comptait sa rencontre avec Éric à Ibiza : là, ses deux effigies s'étaient réunies dans un sentiment intense où le corps et l'âme s'embrasaient.

Cette soirée de Vaucresson, ce n'est qu'avec le recul et la dissipation de l'ivresse qu'elle en éprouvait du dégoût. L'envie de se laver, non le corps qu'elle avait douché à l'eau brûlante, laver cette part d'elle-même qui avait été salie ; cette dignité qui consiste à ne jamais laisser les autres empiéter sur sa liberté.

Et maintenant que la voiture l'emportait comme quelqu'un qui, après un forfait, cherche la protection de la nuit, elle s'interrogeait encore sur sa double nature : surtout sur cette part d'elle-même qui avait commis ces gestes impudiques qui donnaient un curieux attrait à des corps pourtant méprisés. Celui de l'interdit, du mal, qui confère aux choses les plus banales tant de saveur.

14

Le procureur Mabin reposa le récepteur de téléphone en bakélite noir. Songeur, il observa le bateau-mouche qui remontait la Seine et passait devant sa fenêtre dans un demi-brouillard qui correspondait bien à son état d'esprit. Il venait de recevoir un coup de téléphone de M. Magret, conseiller spécial du garde des Sceaux chargé d'on ne savait pas trop quoi, c'est-à-dire de l'ombre, de l'officieux, de cet essentiel qui ne se définit pas parce qu'il est par nature indéfinissable. Ce conseiller était important, non par lui-même car son physique n'en imposait guère plus que sa pensée si tant est qu'il en ait eu une, mais parce qu'à travers lui c'était le ministre qui suggérait, conseillait, ordonnait. Et parfois l'ordre venait de beaucoup plus haut, mais M. Magret l'ignorait et ne cherchait pas à le savoir. Cette attention qu'on lui portait en haut lieu suscitait chez le procureur une satisfaction de vanité dont il ne cherchait pas à se défendre. D'autant que son interlocuteur lui avait parlé un langage suave et lui avait donné des marques de considération pour sa personne et son indépendance qui ôtaient à cet appel toute idée d'oukase hiérarchique. Et il est toujours agréable de se sentir considéré par plus important que soi — le ministre en l'occurrence car il tenait pour peu de chose la personnalité de son porte-parole — et d'être sollicité comme un rouage décisif d'une grande administration.

Le procureur éprouvait le même plaisir que lorsque ses professeurs louaient ses dissertations et parfois même les lisaient devant ses condisciples dont il n'avait pas de mal à imaginer le dépit. L'appétit de considération qui était le point faible de ce brillant sujet avait sa source dans son complexe social, un complexe entretenu par son beau-père qui, sous des airs de cérémonieux respect, le morigénait sans cesse à propos de son attitude approximative sur le chapitre des usages mondains. Un autoritarisme dont il avait déjà suffisamment souffert de la part de son père imbu d'une réussite qui l'avait fait passer de pupille de la nation et simple terrassier à la tête d'une petite entreprise de travaux publics, qui le tympanisait avec ce précepte : « Ne parle jamais des choses que tu ne peux pas faire, ne fais jamais des choses dont tu ne peux parler. » S'il avait parfaitement respecté la première partie de l'adage paternel, la seconde se révélait impraticable dans ses fonctions : il passait une grande partie de son temps à faire des choses dont il ne pouvait pas parler.

Aussi, cette considération, en avait-il un besoin vital comme une plante l'eau et le soleil. Il en était affamé. Et avec le temps ce penchant ne s'arrangeait pas. Plus il prenait de l'âge et plus la crainte de ne pas voir ses mérites reconnus à leur juste valeur le désolait. Cette promotion de procureur général lui apparaissait donc comme la juste rétribution d'une carrière, correspondant à l'exact point de rencontre raisonnable entre l'estime qu'il se portait et celle qu'il était en droit d'attendre.

En même temps, ce magistrat probe était à cheval sur ses prérogatives. Le pouvoir politique avait certes les droits que lui confère le système démocratique mais il ne pouvait pas en abuser selon la sacro-sainte séparation des pouvoirs. Un principe idéal plus propre à donner l'envol à de beaux effets de manche qu'à être mis réellement en pratique. Car le pouvoir, c'est l'action, et cette action dans son mouvement forcément élémentaire ne peut sans cesse être grignotée par les arguties des gens de robe et le juridisme des tabellions. À cette déontologie dont il se serait voulu dans l'idéal le serviteur intraitable s'ajoutaient les doutes raisonnables qu'il pouvait avoir non seulement sur le bien-fondé des interventions ministérielles, comme toute décision humaine sujettes à l'erreur, mais surtout sur la pérennité de ce pouvoir tout à la fois puissant et éphémère. Le ministre, si désobligeant qu'il soit de le penser, pouvait changer. Et son successeur se montrer d'un avis radicalement différent. Il fallait donc ne pas s'emballer.

Ce que le procureur avait retenu de son entretien téléphonique avec M. Magret, c'était que la Chancellerie semblait avoir à cœur de faire toute la clarté sur une affaire somme toute subalterne, mais dans laquelle était cité un homme aussi éminent que le président Marchandeau lui-même. Cela dans un souci de pure information, sans induire le moins du monde qu'il puisse y avoir entre une jeune voleuse de soutien-gorge et un pilier de la République des relations autres que fortuites. Mais le ministre, dans son souci de lever toute ambiguïté dommageable envers un homme aussi respecté, prenait le parti de prendre les devants sous le fallacieux prétexte qu'un éclaircissement lèverait tous les doutes sur la moralité de cette relation. Toujours le vieux principe : on n'a rien à craindre de la justice quand on n'a rien à se reprocher. En conséquence, on demandait au procureur de sonder le dossier en lui suggérant d'ouvrir une enquête préliminaire dite « officieuse ».

Le procureur Mabin estimait cette requête légitime même si, dans son for intérieur, il subodorait que cette affaire de soutiens-gorge dérobés au Bon Marché par une petite délurée ne suscitait l'intérêt du garde des Sceaux que parce que le président Marchandeau y était cité et qu'il y avait peut-être là matière à exploitation politique. Il n'était pas comme il aimait à le répéter souvent : né de la dernière pluie.

De cet entretien au demeurant aimable avec le conseiller spécial du ministre, le procureur retenait que celui-ci avait eu l'habileté de donner à son appel un caractère de routine, sans emphase, comme s'il s'agissait d'une procédure parfaitement normale et qu'il était de l'intérêt de tous que la lumière soit faite pour ne pas prêter le flanc à la médisance. À aucun moment il n'avait eu le sentiment — cela lui était arrivé — qu'on exerçait sur lui une pression quelconque. Ce que le procureur retenait surtout, c'est qu'il n'y avait pas eu la moindre allusion, si voilée fût-elle, à la conduite irresponsable de son beau-père sous l'Occupation. Ouf !

15

Le juge Gosselin fut désigné, comme prévu, par le doyen des juges d'instruction pour instruire le dossier et procéder à une enquête préliminaire. Tout de suite, le magistrat éprouva un sentiment de prévention : cette affaire avait manifestement des arrière-plans qui lui échappaient, ce qui signifiait que beaucoup de gens haut placés tenteraient d'agir derrière son dos et de tirer les ficelles. Il n'était pas né de la dernière pluie lui non plus. Il savait que, lorsque le nom d'un politicien important apparaît, on ne tarde pas à sortir du droit pour les eaux fangeuses des pressions et des interventions. D'autant qu'il venait d'être échaudé par la trouble affaire de la disparition de l'ataman Margenski qu'on l'avait contraint de clore par un non-lieu. Donc le juge se raidit. Et il était déjà par nature raide, empesé, cassant, ennemi du compromis. L'apprenti moine qu'il avait été dans la solitude austère du monastère de Pietracorbara ne l'avait pas disposé à la mansuétude ni à la bonhomie. Surtout dès qu'il avait entendu la voix du procureur et ses intonations, déférentes dans la forme, dictatoriales dans le fond, il s'était arc-bouté dans la résolution de ne pas se laisser faire. Il comptait bien profiter à plein de son indépendance statutaire pour n'obéir qu'à ce que lui dicterait ce qu'il estimait être son devoir.

Pour lui, sans aller plus avant, le dossier était vide. La déposition de la jeune Claudine fournie par le commissariat de la place Saint-Sulpice n'offrait qu'une histoire dérisoire, banale, qui ne méritait pas d'arriver jusqu'à lui. Aucune plainte n'était déposée et, étant donné les faits, il était dans l'intérêt des protagonistes, qui s'étaient tous mis dans un mauvais cas, de s'arranger. L'encombrement des greffes et des tribunaux venait de cette fâcheuse tendance à judiciariser des faits relevant d'un simple tribunal de police. Mais le juge se doutait que cette appréciation de bon sens ne serait pas du goût de la Chancellerie, où l'on souhaitait que cette affaire fût prise au sérieux. Pour l'instant. Car les arcanes de la politique obéissent à des météorologies variables.

Ce qui troublait le juge, c'était la connotation sexuelle des aveux de Claudine. Qu'une jeune fille semble trouver banal de voir un homme proposer de lui mettre son sexe dans la bouche, voilà qui incendiait l'imagination du magistrat. Avec d'autant plus de violence que, mis à la rude épreuve de traiter presque quotidiennement des dossiers sexuels riches en détails licencieux, il vivait privé de femmes depuis six ans. Et sa vie qui avait oscillé entre passion amoureuse déçue, retraite monastique et continence forcée rendait son esprit sensible à la surchauffe érotique. Heureusement, la chicane juridique et les fastidieuses procédures avaient vite fait de calmer son imagination enfiévrée.

En son for intérieur, le juge n'était pas mécontent de montrer au procureur qu'il n'était pas prêt cette fois à se montrer conciliant, il mobilisait mentalement les ressources de la procédure pour signifier les raisons de son désaccord. Il se prépara à rédiger une ordonnance de non-lieu.

Car ce qui manquait à cette affaire pour qu'elle puisse donner matière à une copieuse instruction, pour que la justice puisse s'en mêler en toute légitimité, c'était une plainte. Or pour l'instant aucun des protagonistes n'avait vraiment envie d'aggraver son cas en demandant le renfort d'un magistrat. Chacun était conscient que ses propres dérapages bénéficieraient à demeurer dans l'ombre plutôt qu'à être jetés dans la pleine lumière d'un tribunal : Claudine n'avait aucune envie de voir ses parents informés de son larcin. De plus, elle estimait avec le recul qu'elle avait réagi un peu vivement en plantant le tournevis dans la poitrine du vigile alors que la seule menace de cette arme aurait pu suffire à le dissuader d'agir avec autant de bestialité. Quant au vigile, il n'avait aucun intérêt à donner de la publicité à son affaire : marié avec une femme très jalouse, il risquait d'autant plus d'être mis à la porte du Bon Marché qu'il avait été congédié de la Belle Jardinière dans des circonstances similaires. Son chef de service le défendait avec énergie, craignant qu'au point où il en était il ne se mette à table avec les flics et avoue le petit trafic d'appareils ménagers qui leur permettait à l'un et à l'autre d'arrondir leurs fins de mois en revendant à leur profit des machines prétendues défectueuses, en réalité en excellent état de marche. Donc la révélation de la vérité n'arrangeait personne. Sauf peut-être le garde des Sceaux. Mais pour des raisons qui n'avaient qu'un très lointain rapport avec la vérité.

16

La comtesse Berdaiev ne pouvait assister à un office de l'église orthodoxe de la rue Daru sans qu'aussitôt ne lui reviennent en mémoire les images de cette Pâque russe à Sainte-Geneviève-des-Bois, sous l'Occupation, en avril 1941. Jamais elle n'avait vu célébrer cette fête avec autant de ferveur. C'était comme si soudain la malheureuse communauté russe si divisée, épuisée de querelles, qui n'en finissait pas de régler ses comptes avec l'Histoire, avait décrété à la faveur de cette fête une amnistie générale pour la Semaine sainte. Jetés sur une terre étrangère, ayant connu tant de malheurs publics et privés, les Russes, même s'ils continuaient de s'opposer idéologiquement, politiquement et même religieusement — la querelle se poursuivait entre les tenants du métropolite de Moscou et ceux du métropolite universel de Constantinople —, éprouvaient pour ce symbole une attirance irraisonnée. Chacun était prêt à faire taire sa rancune pour participer à la liesse collective qui célébrait autant la patrie perdue que la religion retrouvée. Grâce à cette église, à ce prêtre, à ces chants russes, ils retrouvaient leur véritable patrie. Ne fût-ce que ces quelques jours de la Pâque russe, ils existaient. Un fond de culpabilité entretenu par le clergé orthodoxe hantait les âmes désorientées : beaucoup n'étaient pas loin de croire que la Révolution était la conséquence de leur athéisme. Dieu avait abandonné la Russie puisque celle-ci s'était détournée de lui. Peut-être qu'en revenant vers lui il accomplirait le miracle de leur rendre leur patrie. Ils ne faisaient que reprendre à leur compte les conclusions théologiques de Joseph de Maistre pour expliquer la Révolution française comme un châtiment de Dieu.

On pouvait autour de l'église à coupole apercevoir les représentants des vagues successives de l'émigration presque aussi distinctes que les strates géologiques. Les aristocrates et les monarchistes qui en formaient les contingents d'avant-garde avec, à leur tête, les parents et amis de feu le grand-duc Nicolaï Nicolaievitch, mais aussi des bourgeois progressistes autrefois favorables à Kerenski et à Savinkov, les dirigeants du gouvernement provisoire, et même des exilés chassés par Lénine et Staline, et enfin, derniers arrivés, les transfuges du communisme ayant fui les purges et les camps, qui abjurant leur erreur venaient chercher au sein de la religion un réconfort et un ersatz de patrie. Avant 1917, la Pâque russe était célébrée du bout des lèvres par les classes dirigeantes agnostiques comme un vestige de l'obscurantisme. Tous ces exilés encore récemment en guerre sur la terre russe décrétaient la paix pour la Pâque sacrée de Sainte-Geneviève-des-Bois. Et pourtant au-dessus d'eux planaient les ombres du général Koutiepov et du général Miller, mais aussi celles des complices de leurs enlèvements, le général Skobline et son épouse la cantatrice Plevitskaia : les familles de ces héros et celles des traîtres, et de combien de délateurs en puissance, se côtoyaient pourtant, mettant en veilleuse leur rancune et leur honte pour célébrer la résurrection du Rédempteur. En dépit de tout, de l'Occupation, des privations, des menaces, il y avait dans l'air, grâce à cette fête, quelque chose de léger, de savoureux, d'irréel, comme les illusions d'une jeunesse retrouvée.

Toute la famille de la comtesse Berdaiev était réunie dans la grande maison d'une amie, la vigoureuse Svetlana Vigarova : sa mère la princesse Oborov, avec son beau regard de rapace qui planait au-dessus des vicissitudes quotidiennes, son frère Anton, devenu ethnologue au musée de l'Homme, son mari, le comte Berdaiev s'acheminant de toute son élégance vers la ruine avec des yeux vagues d'opiomane, la comtesse Kouraguine, toujours gourmande et se léchant d'avance les babines, et son fils Vassili, l'ami d'Anton, et bien sûr l'ataman Margenski, et nombre de cousins, d'oncles et de tantes pique-assiette sans lesquels les Russes ne seraient pas les Russes, venus tous profiter de la corne d'abondance qu'on y prodiguait généreusement. En effet, même si l'Occupation était l'époque des privations, la comtesse Berdaiev, grâce à la protection de Hans Mayer, avait pu obtenir des bons d'approvisionnement pour confectionner le koulitch, le fameux gâteau de Pâques, et les paskhas, les desserts de fromage blanc.

La procession qui, le Samedi saint, marquait la fin du Carême et précédait la messe nocturne brassait parents et amis, adversaires d'hier, futurs héros de la Résistance comme la princesse Vera Obolenski ou profiteurs des exactions de la Gestapo comme la belle et fantasque princesse Parousy. Sous les lampions, chacun tenait religieusement son cierge, tandis que le prêtre vêtu de sa tenue blanche psalmodiait, escorté des sacristains porteurs d'icônes, enveloppés dans leur dalmatique dorée, qui chantaient des cantiques. Puis le prêtre avait remis solennellement l'épitaphion sur l'autel, le débarrassant, ainsi que les icônes, des voiles noirs qui le recouvraient, et la messe nocturne avait commencé dans un éblouissement de dorures, une profusion de chants et d'encens.

Le lendemain, on avait procédé à la distribution des œufs multicolores tandis que chacun, s'adressant à son voisin, lui disait : « Christ est ressuscité », et celui-ci répondait : « En vérité il est ressuscité. »

La comtesse Berdaiev se souvenait d'Anton et de Vassili tandis qu'on découpait le koulitch : comme leurs mères, ils étaient inséparables mais ne cessaient de s'opposer. Anton sur un ton sceptique et acide, Vassili avec un air moqueur. Ils discutaient avec l'ataman : celui-ci avec sa rigueur militaire traitait de haut Vassili, qu'il soupçonnait de vouloir se convertir au communisme pour pouvoir revenir en Russie. Retrouver la terre natale qu'il n'avait jamais connue était l'obsession de Vassili. Évidemment, l'ataman, qui avait souffert des exactions commises par les rouges pendant la guerre civile et se voulait le comptable des crimes de Staline, voyait ce projet de retour comme une trahison. Mais Vassili ne détestait pas provoquer le vieux soldat et mettait de l'huile sur le feu. Anton les considérait l'un et l'autre comme des tenants de l'arrière-garde. Ces projets de retour en Russie lui semblaient illusoires. Il acceptait la marche inexorable de l'Histoire. Lui s'était converti à la France, sa nouvelle patrie.

La comtesse Berdaiev revoyait Anton et Vassili durant la procession nocturne, silencieux, portant chacun un cierge qui sculptait leur visage dans la nuit. Comment imaginer que, en cette soirée de réjouissance qui leur apportait la douce illusion de n'être plus des exilés mais d'avoir retrouvé leur patrie, ces deux êtres si jeunes, montrant tant d'enthousiasme pour la vie, allaient disparaître à quelques mois d'intervalle ? Pourtant, elle avait eu l'intuition de la tragédie. En les regardant, elle avait senti un voile noir les recouvrir. Comme le drap funèbre qui avait recouvert l'autel le Vendredi saint et que le prêtre avait enlevé pour signifier la Résurrection.

17

C'est la rencontre avec l'ethnologue Boris Vildé qui avait été décisive. Anton lui avait été présenté en 1938 par Vorovna après son échec à Normale sup' quand il hésitait sur le choix d'une carrière. Boris Vildé, issu de l'aristocratie moscovite — sa mère était la fille d'un maréchal de la noblesse —, enseignait à l'École des hautes études les langues des peuples finno-ougriens. Il était très lié avec Anatole Lewitsky, qui se spécialisait dans le chamanisme sibérien. Par leur personnalité, leur enthousiasme, les deux ethnologues exerçaient un grand ascendant sur leurs élèves. Entre Anton et Vildé surtout, la sympathie avait été immédiate. Elle s'était prolongée en amitié. Et Anton avait été pris comme contractuel au musée de l'Homme, dirigé par Paul Rivet.

Vildé et Anton partageaient la même vision de leur identité de Russe en France. Ils répétaient le fameux apophtegme de Benjamin Franklin : « Tout homme a deux patries : la sienne et la France. » Que de discussions en revanche les avaient opposés à Vassili qui, lui, ne croyait pas une intégration possible. Toujours entêté dans sa conviction « ni rouge ni blanc, mais russe ». C'était le sempiternel débat de leur génération de Russes exilés : renoncer à ses racines ou devenir français. Pour leurs parents, la question ne s'était pas posée : combien n'avaient jamais vraiment défait leurs bagages ? Les démocraties les entretenaient dans une fausse détermination de lutter contre l'Union soviétique et dans l'illusion du retour. Pour Anton, Vassili ou Vildé, la question était tout autre. Vassili se sentait russe et était prêt à retourner dans sa patrie par tous les moyens : par la force, par l'adhésion au communisme ou, ce qu'il avait fini par faire, en s'engageant dans la division Vlassov.

Tout naturellement, Anton, qui admirait Boris Vildé

et partageait ses convictions, l'avait suivi dès sa démobilisation dans sa démarche patriotique et antinazie. Ils s'étaient engagés dans le mouvement de Résistance créé sous l'influence d'Anatole Lewitsky, devenu Chazalle dans la clandestinité. Ce qui allait devenir le fameux réseau du musée de l'Homme. Pendant deux ans, ils avaient fourni un important travail de renseignement et aidé des parachutistes à regagner l'Angleterre. La Gestapo avait démantelé l'organisation. Trahis, ils avaient été arrêtés, à quelques mois d'intervalle, et emprisonnés à Fresnes. Tous les hommes du réseau avaient été condamnés à mort par le tribunal militaire du Gross Paris. Seules les femmes avaient eu la vie sauve.

Dans le petit matin glacé, devant un paysage couvert de givre, Anton et ses amis résistants, condamnés comme lui, étaient sortis dans un froid glacial de la chapelle du mont Valérien. L'approche de la mort, les cercueils en bois blanc entassés près d'eux et les gémissements de l'embrayage du camion dans la montée vers le calvaire les figeaient dans l'effroi. Au moment où les soldats les conduisaient à la carrière préparée pour leur exécution, Anton avait levé les yeux vers le château qui surgissait de la brume matinale : sur une des tourelles, sculptée dans la pierre, stupéfait, il vit distinctement une croix de Lorraine, emblème de la famille à laquelle avaient appartenu les lieux. Cette croix à deux branches si semblable à la croix orthodoxe. Son cœur battit devant ce signe. Il éprouva ce sentiment d'irréalité que l'on ressent en face d'un prodige. Se pouvait-il que sa vie ait eu un tel sens qu'elle ait été inscrite dans les astres ? Il se sentit étrangement réconforté de voir réunis la prédiction de sa jeunesse lors de son initiation au chamanisme sibérien et le symbole de la France libre pour lequel il allait donner sa vie. Certes, il n'avait pas la foi, mais maintenant il savait qu'il existait autre chose. Quelques instants plus tard, lui et ses amis tombaient sous les balles du peloton d'exécution.

18

Vassili, lui, avait réagi différemment d'Anton devant l'invasion allemande. Il ne l'avait pas ressentie comme une humiliation. Il aimait la France mais seulement comme une terre d'accueil, une patrie transitoire. Il ne faisait pas corps avec son histoire et ses valeurs. Il avait revu beaucoup d'amis de Munich et de Berlin. Dès la rupture du pacte germano-soviétique et l'entrée des troupes allemandes en Union soviétique, il s'était engagé comme interprète dans l'armée de Guderian. Il servait comme Hiwis, auxiliaire russe, avec des compatriotes qui allaient former la ROA, l'armée de libération russe. Il écrivait à Anton et à sa mère des lettres exaltées dans lesquelles il s'extasiait devant la beauté des grandes plaines d'Ukraine, l'infini des champs de blé mûr. Il éprouvait un sentiment très vif d'harmonie intérieure à revoir enfin la patrie perdue.

Nul ne sut jamais quelle avait été son existence par la suite, après son expérience d'interprète auprès de Guderian. On sut seulement qu'il s'était engagé dans la division Vlassov. La censure militaire était implacable et les communications prohibées. Il avait trouvé la mort sur les berges du fleuve Oder, mitraillé par des partisans avec lesquels il essayait de parlementer. On n'avait jamais retrouvé son corps. Il n'avait pas eu la mort qu'il aurait souhaitée au milieu des bouleaux à l'écorce argentée dans cette terre russe qui l'avait tant fait rêver. Mais en terre allemande, après n'avoir fait qu'entrevoir sa patrie.

Sa mère, la comtesse Kouraguine, n'avait pas voulu croire à sa mort. Elle imaginait qu'il avait rejoint le Liechtenstein avec quelques rescapés de l'armée Vlassov. Puis elle l'avait cru détenu en URSS. Mais, deux ans après la fin de la guerre, un de ses compagnons d'armes avait détruit toute espérance en lui rapportant son portefeuille. Pas de doute, il était bel et bien mort.

19

Il y avait un épisode de sa vie que la princesse Oborov n'avait confié à personne. Elle-même préférait ne pas s'en souvenir. Quant aux témoins, ils avaient depuis longtemps disparu. Pourtant elle avait tout connu, les privations, les exécutions sommaires et les supplices publics que faisait subir le baron von Ungern aux commissaires politiques qui tombaient entre ses mains. De sa traversée de la Sibérie pour échapper aux exactions des Soviets, elle gardait une impression d'irréalité : tant de violences, de misère, de faim, de froid, d'épuisement. Sa grande humiliation, outre les poux et les punaises aux piqûres brûlantes et urticantes dont elle ne se débarrassait qu'en se plongeant nue dans une étuve, c'était de mendier son pain non pour elle mais pour les jumeaux, Maria et Anton, qu'elle avait entraînés dans ce périple fou, tandis que son mari, le prince Oborov, commandait un régiment dans l'armée de Wrangel. Il devait mourir du typhus un an plus tard à Gallipoli. C'était tout un pays qui fuyait les Soviets : familles de l'aristocratie toutes générations confondues, en traîneaux surchargés de bagages ou en télègues, accompagnées de leurs paysans, de leurs fermiers et domestiques à pied. Mais aussi des bourgeois et leurs familles reconnaissables à leur tenue de ville et à leurs chaussures qui ne supportaient pas les intempéries. Cette foule de fuyards en exode n'avait qu'une ville en tête : d'abord, ç'avait été Arkhangelsk puis, la ville prise, Vladivostok, dernière étape en terre russe avant ce qui semblait un abîme : l'exil.

À Arkhangelsk avait eu lieu le miracle : Anton, âgé de deux ans, atteint de diphtérie, était considéré comme condamné par le médecin militaire qui l'avait examiné. C'est alors qu'on lui avait recommandé d'avoir recours à une fameuse chamane. En une semaine, elle l'avait guéri à force d'incantations et de décoctions de plantes sauvages. Autre intervention providentielle, grâce à un cousin retrouvé sur le port, frère de la femme de l'amiral Golchak, elle avait bénéficié d'une place sur un bateau de l'escadre qui devait rallier le Japon. L'escadre avait fait escale deux mois à Vladivostok où un autre navire de guerre, toujours grâce à la recommandation de la femme de l'amiral, avait déposé la comtesse et ses deux jumeaux à Shanghai.

Là avait commencé une autre forme d'enfer. Il pleuvait sans cesse. La ville sentait une odeur de pourriture, d'huile rance et de friture. Les hôtels de la ville étaient complets et les rares chambres libres louées à des prix exorbitants. Il ne lui restait quasiment plus de bijoux, qui avaient fini entre les mains crochues des usuriers. Regroupée dans la concession française, une foule d'émigrés aux abois emplissait la ville et les consulats. Sa connaissance des langues étrangères — elle parlait couramment le français, l'anglais et l'allemand — ne lui était guère utile tant la concurrence était grande parmi les Russes des meilleures familles. Elle s'était essayée à la confection de robes et de chapeaux mais, là encore, la main-d'œuvre bon marché ne rendait pas son commerce rentable. Un soir, une de ses amies lui avait proposé de l'accompagner au bar du Grand Mandarin, un hôtel international où se mêlaient diplomates, agents consulaires, marchands chinois, seigneurs de la guerre et leurs obligés. Les belles Russes y étaient très prisées. Elle y avait connu un grand succès. Son amie, qui se moquait de sa pruderie, l'avait quittée pour passer la nuit avec un banquier américain. Trois jours plus tard, n'ayant plus ni lait ni beurre ni sucre ni rien pour nourrir ses enfants, elle avait mis sa plus belle robe et était retournée au bar du Grand Mandarin. Un opulent Chinois, luisant et gominé, l'avait invitée à danser. Il lui avait proposé une belle somme pour passer la nuit avec lui. Elle avait accepté. Et ils étaient montés dans sa chambre.

Pendant six mois, car, satisfait de ses services, il lui avait loué un petit appartement dans une rue bruyante et malodorante du quartier français, elle avait dû en passer par ses exigences à chacun de ses séjours dans la ville. C'était un gros exportateur de bois précieux de Canton. Quand elle avait confié à l'une de ses amies le dégoût qu'elle éprouvait à coucher avec le gros Chinois, celle-ci s'était esclaffée. Bien pire était la situation des belles Russes qui hantaient la rue des Plaisirs-Célestes où elles étaient contraintes par le Milieu chinois à se vendre pour un billet de cinq yuans au premier client venu qui assouvissait avec elles ses vices les plus abjects.

Un capitaine de vaisseau anglais qui faisait escale à Shanghai l'avait prise en pitié. Faussant compagnie au marchand chinois, elle avait embarqué à bord du navire avec ses enfants pour rejoindre son mari à Istanbul. Le malheureux étant mort, elle avait fini son périple à Marseille.

20

Les deux vieilles femmes marchaient dans la neige en se tenant par le bras. Elles se soutenaient dans ce sentier pierreux, fouettées par un crachin glacé, avançant dans une demi-brume vers le sommet de la colline. Comme elles l'aimaient cette neige dans laquelle elles glissaient, qui gelait leurs pieds et leurs mains, mais aussi recouvrait d'un manteau blanc les grands arbres dont les troncs paraissaient par contraste plus noirs. Il leur semblait qu'elles étaient transportées par magie dans leur vrai pays, celui qu'elles avaient depuis toujours dans leur cœur, celui qu'elles n'avaient jamais quitté et qui ne les quitterait jamais. Ni l'âge ni la fatigue ne les détournaient de gravir le sentier. Elles se sentaient portées par une force qui, du fond d'elles-mêmes, leur donnait une énergie inhabituelle. Leurs vieux corps rouillés par les rhumatismes, leurs pieds abîmés, les varices qui rongeaient leurs jambes, tous les handicaps de l'âge paraissaient abolis.

Elles ne parlaient pas, attentives à ne pas glisser, s'arrêtant à intervalles réguliers pour reprendre leur souffle. Qu'auraient-elles pu se dire ? Ce qu'elles ressentaient l'une et l'autre était d'un ordre ineffable. Seuls peut-être les arbres, les buissons couverts de neige, les cailloux boueux du chemin, auxquels elles attribuaient une mystérieuse présence, auraient pu saisir leur secrète entreprise. Regardant avec avidité le paysage, elles voulaient le graver en elles pour toujours. Car ce paysage, ses yeux l'avaient vu, oui les yeux d'Anton, et, par une curieuse association de destins, elles liaient fraternellement le souvenir des deux amis morts sous les balles. La princesse Oborov et la comtesse Kouraguine gravissaient la colline du mont Valérien où, en novembre 1941, par un petit matin aussi lugubre que cette fin d'après-midi d'automne, Anton, en compagnie de ses compagnons résistants du musée de l'Homme, avait fait face au peloton d'exécution. Elles ressentaient l'une et l'autre un sentiment semblable : cette perte d'un fils auquel pas un seul jour elles n'avaient cessé de penser et qu'on leur avait arraché. Pour entamer ce pèlerinage, il leur avait fallu non la résignation mais cette paisible acceptation de l'usure de la vie qui leur rendait la mort douce puisqu'elles allaient les rejoindre.

Quand elles atteignirent la chapelle abandonnée au vent glacé au sommet de la colline, où tant de jeunes hommes s'étaient recueillis avant de mourir, se confessant à l'abbé Stock, elles se mirent à genoux et prièrent un long moment. Leur calvaire n'était pas terminé, il fallait encore qu'elles souffrent en descendant vers la carrière en contrebas où les anciens propriétaires dressaient les chevaux : c'est là que les Allemands avaient mis en place les pelotons d'exécution et empilé les légers cercueils en bois blanc que les condamnés transportaient avec eux. Au moment de descendre vers la carrière, la princesse Oborov tourna la tête vers la droite, vers le château : c'est là, sur l'une des tourelles, sculptée dans la pierre, qu'apparaissait très distinctement la croix de Lorraine.

ANATOMIE D'UN SCANDALE

1

De méchante humeur, le juge Gosselin déjeunait dans son restaurant favori, place Dauphine. Il prenait son repas seul, parfois exceptionnellement avec sa greffière, mais celle-ci étant également d'un caractère renfermé, ni l'un ni l'autre ne prononçait un mot. Les arbres de la place avaient perdu leurs feuilles et se dressaient lugubrement comme des gibets. Il avait reçu le matin même un coup de téléphone du procureur Mabin qui lui demandait de surseoir à son ordonnance de non-lieu dans l'affaire de la jeune Claudine. À l'argument du juge qui justifiait la clôture du dossier du fait de l'absence de plainte, le procureur Mabin répondait que, justement, une plainte en bonne et due forme serait déposée. Un blanc — une information non signée — du commissaire de la place Saint-Sulpice venait de l'en avertir.

Le juge Gosselin interprétait ce nouvel acte dans la procédure, qui ne pouvait être fortuit, comme une atteinte à son autorité. Ce qu'il avait craint était en train d'advenir : on court-circuitait ses décisions. Or rien n'était plus désagréable à cet homme pointilleux, scrupuleux, que les manœuvres torves pour le contraindre à céder à la pression de la Chancellerie. L'exercice consciencieux de sa profession, de sa mission, était le seul bien qu'il possédait. Il n'entendait pas qu'on le lui volât pour des considérations étrangères. Il se répétait pour lui-même sur un ton aigre de sarcasme la réputation que la presse faisait à la fonction de juge d'instruction : l'homme le plus puissant de France. Foutaise !

Le juge Gosselin ne se sentait nullement découragé. Au contraire, les ennuis qu'il augurait de sa hiérarchie fortifiaient sa volonté d'indépendance. Quand on a fréquenté Dieu, ce qui était son cas au monastère de Pietracorbara, qu'on a eu chaque jour un dialogue avec les grandes interrogations de la métaphysique, on ne se laisse pas facilement impressionner par les intérêts mesquins de ce bas monde. Il avait une divergence d'ordre philosophique avec le Parquet et la Chancellerie : la justice pour lui ne consistait pas à assommer les petites gens sans défense que leur situation rend vulnérables aux agissements illicites et à aider les puissants à assurer leur domination. Et, dans cette affaire, il n'y avait qu'un menu fretin malheureux, tiraillé entre les vertiges de la consommation, comme Claudine, et les instincts primaires du grossier vigile. C'était banal, humain, terriblement humain. Ils ne méritaient ni l'un ni l'autre l'excès d'honneur et d'indignité d'être traduits devant un tribunal.

Qui avait déposé plainte ? Dans quel but ? Le juge se perdait en conjectures. Toute son aigreur se reportait sur le procureur Mabin qui tentait de polluer cette procédure. Et lui revenait en mémoire sa désagréable expérience dans l'affaire de la disparition de l'ataman où il avait joué un rôle bien trouble. Comme tous les gens nerveux et excessifs, il se faisait confiance pour circonvenir ce procureur tellement imbu de lui-même qui ne supportait pas la contradiction.

Il commanda un cognac pour se donner du cœur à l'ouvrage et, observant l'imposante bâtisse du palais de justice, il se mit à réfléchir sur les voies et moyens d'imposer sa vision des choses.

2

Comment cette plainte inespérée, mais si fortement espérée par le procureur pour complaire au conseiller spécial du ministre, avait-elle été finalement déposée ?

Cela ne s'était pas fait tout seul puisque ce n'était dans l'intérêt d'aucun des protagonistes. Était intervenu un de ces personnages qu'utilise le Pouvoir quand les moyens légaux sont épuisés. En l'occurrence, un inspecteur des Renseignements généraux, Franck Gili, qui se trouvait être une relation de Bob Hollander, le photographe. Ses supérieurs lui avaient demandé de se pencher sérieusement sur cette affaire que semblait dédaigner le juge d'instruction empêtré dans son juridisme. C'était bien le diable si on ne pouvait pas tirer un peu de jus de ce dossier en activant une plainte. Il avait vite trouvé la faille, le maillon faible : le père de Claudine.

Celui-ci était un brave homme de marchand forain de Vierzon qui travaillait dur mais vivotait. Levé chaque matin à cinq heures, il conduisait sa camionnette aux quatre coins de France pour vendre ses vêtements dégriffés et sa pacotille sur les marchés. Un métier peu rentable, épuisant, qui ne lui permettait que de rapporter à la maison un maigre argent que son épouse dépensait en moins de temps qu'il ne faut pour le dire. La mère de Claudine, blonde oxygénée très coquette, travaillait dans un institut de beauté et avait des prétentions à l'élégance. Le malheureux marchand forain, copieusement trompé par son épouse — Claudine avait de qui tenir —, cherchait tous les expédients pour améliorer l'ordinaire et plaire à sa femme qu'il adorait. Un de ses amis, marchand de matériel américain, lui avait donné un bon tuyau tandis qu'ils prenaient un blanc-cassis sur le zinc du Lido Bar à Vierzon. Pourquoi ne pas profiter des prix hors taxes qu'accordent les *ventas* espagnoles, sises sur la Bidassoa, à cheval sur la frontière, où se fournissent Basques et Béarnais qui ont abandonné depuis longtemps la contrebande ?

Profitant d'une vente à Sant-Jean-de-Luz, le marchand forain avait été faire ses emplettes dans la *venta* de Dancharia, près d'Urrugne, particulièrement bien achalandée. Il avait rempli sa camionnette à ras bord des produits de cette caverne d'Ali Baba : jambons serrano au quart de leur prix, cartouches de cigarettes américaines, alcools licites comme le whisky, les cognacs, le frontignan, ou prohibés comme l'absinthe. Tandis qu'il roulait vers Bordeaux, il était en proie à cette ivresse du commerçant qui sait qu'il a réalisé une bonne affaire et se délecte du copieux bénéfice à venir.

Hélas, à la sortie de Langon, un chauffard avait embouti sa camionnette. Alors qu'il était en train de régler cet accident à l'amiable, les gendarmes avaient débarqué. Ils étaient sur la piste d'un gros trafiquant de drogue. Procédant à une inspection de routine du véhicule, ils avaient découvert les marchandises prohibées. Comble de malheur, le marchand forain avait cru les amadouer en leur proposant quelques bonnes bouteilles en échange de leur silence. Un geste amical qui lui avait valu une inculpation pour tentative de corruption de fonctionnaire.

Heureusement, le marchand forain entretenait d'excellentes relations avec le député socialiste de Vierzon, sa femme également mais c'est une autre histoire. Il lui servait à l'occasion d'agent électoral et de colleur d'affiches. Le coup de fil que le député avait donné au colonel responsable de la gendarmerie de Langon avait été des plus efficaces. On avait laissé repartir le marchand forain non sans avoir confisqué sa marchandise.

L'inspecteur des Renseignements généraux se présenta au marchand forain sur son lieu de travail. L'entraînant à l'écart, il exhiba sa carte de police — il possédait aussi une carte de presse mais celle-ci ne lui était en l'occurrence d'aucune utilité. Il lui fit un récit détaillé des ennuis de sa fille. Insistant notamment sur la soirée de Vaucresson, il lui montra les photos prises à cette occasion. Le père s'effondra devant les preuves de la dépravation de sa fille. Le policier le rassura : ce n'était pas elle qui était coupable mais ceux qui l'avaient entraînée dans la débauche comme tant d'autres filles naïves. Il fit appel à son honneur de père. Il se devait de déposer plainte, ce qui, par ailleurs, ouvrirait la voie à de substantiels dommages et intérêts.

Avant de prendre congé du marchand forain navré des mauvaises fréquentations de sa fille, il lui dit en manière de confidence qu'il était au courant des trafics auxquels il s'était livré dans la *venta* de Dancharia. Pour toutes ces raisons, il lui conseillait de déposer plainte au commissariat de la place Saint-Sulpice. Bien entendu, il était libre d'agir à sa guise. En se rendant à la première heure, le lendemain, place Saint-Sulpice, le marchand forain estima qu'il s'en tirait à bon compte.

3

Éric était désespéré. Il était sujet aux crises de cafard. La Noël approchait. Calfeutré dans sa bibliothèque à l'abri du froid, devant un feu de bois, il écoutait un concerto de Bach joué au piano par Glenn Gould. Il lui semblait que ce n'était pas sur les touches du piano que les belles mains de l'interprète se promenaient mais sur son propre cœur. Comment exprimer cela avec des mots ? Combien de pages faudrait-il pour rendre la mélancolie poignante de ce concerto ? Il regrettait la paresse qui l'avait dissuadé d'entreprendre un second roman dans lequel il aurait pu confier les émotions qui le traversaient. Mais était-ce la paresse ou le courage d'affronter des vérités qu'il fuyait ? Il incriminait le journalisme qui dévorait son temps. N'avait-il pas choisi de collaborer à *Combat* pour éviter le supplice d'écrire ? Sylvie était partie se reposer chez sa mère à Saint-Lunaire et Leonora Drago était à Milan pour mettre de l'ordre dans ses affaires et régler les détails de sa séparation avec son mari. Éric avait subitement l'impression qu'aucune des deux femmes ne lui convenait : l'une, Sylvie, trop popote et petite-bourgeoise, l'autre trop imbue de ses prétentions de grande dame.

Observant les flammes, ses pensées erraient. Il songeait à Maria Berdaiev. Quelle guigne les avait séparés ? Pourquoi n'avaient-ils pu vivre ensemble ? Pourquoi avait-elle conçu ce pacte absurde de ne plus coucher avec lui après leur folle rencontre d'Ibiza ? Les lubies des femmes lui inspiraient toujours une sorte de stupéfaction : quel besoin avaient-elles de tout compliquer ? Peut-être répondaient-elles ainsi au manque d'imagination des hommes ? Maria Berdaiev avait beau être une énigme, d'où venait qu'elle lui semblait la dépositaire de son âme ? Il n'y avait vraiment qu'avec elle qu'il se sentait en confiance. Il éprouvait pour elle beaucoup plus que de la tendresse. Ils avaient tant souffert, elle, ses proches, et qu'avait-il fait, lui, pour leur venir en aide ? Il vivait mal l'indifférence que l'on manifestait envers les exilés russes. On leur reprochait de n'être pas du bon côté de l'Histoire. Pis, les autorités françaises se montraient complices de leurs ennemis mortels : combien de crimes ourdis par le NKVD avaient été accomplis par les tchékistes sur le territoire français ? Personne n'était jamais inquiété : on n'avait jamais retrouvé les auteurs de l'enlèvement du général Koutiepov, ni ceux du général Miller, ni les responsables de la disparition de l'ataman qui dénonçait les complicités françaises.

Ce malheur qu'il devinait chez Maria Berdaiev, qu'elle

dissimulait si bien et que ses proches ne voulaient pas voir, c'était aussi celui d'un peuple. Pour toutes ces raisons, Maria Berdaiev l'émouvait. Bien sûr, parmi ces Russes, il ne se trouvait pas que des innocents : certains, comme Skobline, avaient trahi la cause. Lui et tant d'autres objets de chantage sur leur famille restée en Russie étaient des proies faciles pour le NKVD. Certaines aristocrates comme la princesse Parousy s'étaient livrées à des trafics avec les Allemands et leurs séides sous l'Occupation. Était-ce leur faute ou celle des circonstances ? Qu'aurait-il fait s'il s'était retrouvé à leur place, exilé, chassé de son pays, déclassé, condamné à des travaux dégradants ? Éric, déjà malheureux lui-même, comme si cela ne lui suffisait pas, se mettait aussi à être malheureux pour les autres.

4

La comtesse Berdaiev quitta le palais de justice et marcha place Dauphine avec précaution car la neige était tombée dans la nuit et les trottoirs étaient glissants. Seule la neige sur le terre-plein restait immaculée, sauf à un endroit où des enfants avaient joué. Avec ces arbres noirs dépouillés de leurs feuilles, elle aurait pu se croire à Saint-Pétersbourg. Certes, la Seine n'était pas la Neva. Elle s'attarda un instant devant un magasin d'antiquités, mais elle avait beau regarder les meubles, elle ne les voyait pas. Son esprit obstinément était ailleurs. Elle passa devant la statue du Vert-Galant, traversa le pont Royal et se dirigea vers le quai des Grands-Augustins. Il faisait froid, la Seine poussait un vent glacé, mais elle ne sentait rien. Elle avait besoin de marcher pour réfléchir et y voir plus clair.

Elle sortait du cabinet du juge Gosselin qui l'avait convoquée. Elle n'avait pas été impressionnée par cet homme assez quelconque physiquement, qui avait le profil de n'importe quel Français moyen. Elle avait surtout été frappée par la taille de ses oreilles particulièrement décollées. Elle l'avait trouvé sec, parcimonieux, empêtré dans ses gestes, et surtout pas très franc : à aucun moment il ne l'avait regardée droit dans les yeux. Il évitait son regard et semblait gêné d'avoir à lui poser des questions plutôt intimes. Quant à sa greffière, qui lui avait fait l'effet d'une religieuse défroquée, ne prenant pas grand soin de sa toilette, elle jetait sur elle des yeux dépourvus d'aménité. Elle se demandait pourquoi, dans ce lieu, quoi qu'on ait fait ou pas, on vous estimait coupable. Le pire, c'est qu'on finissait par le croire. La greffière ne la regardait pas non plus en face mais les regards qu'elle avait surpris de sa part, qui jaugeaient la façon dont elle était habillée, ne lui avaient pas paru bienveillants.

Le juge Gosselin avait axé la première partie de son audition sur les rapports qu'elle entretenait avec le président Marchandeau ? Elle prévoyait que ce n'était que l'apéritif. Elle avait répondu sans ambages à toutes ses questions, n'en éludant aucune. Elle sentait le juge tout à la fois curieux, impressionné et inquiet de s'aventurer dans un milieu auquel il n'était pas habitué. Il craignait de faire un impair. Semblant hésiter sur les convenances, il l'avait accueillie par un « madame la

Comtesse » un peu cérémonieux — il en avait lui-même rougi — qu'il avait vite troqué contre un plus républicain « madame Berdaiev ».

Plus délicat était l'objet même de la plainte : le rôle qu'elle avait joué au cours de la soirée licencieuse dans la villa de Vaucresson. Le juge, les yeux de plus en plus rivés sur son dossier, semblait décidé à éviter son regard. Cette soirée, en était-elle l'organisatrice ? En connaissait-elle les protagonistes ? Était-elle liée avec Bob Hollander ? Avait-elle déjà rencontré Claudine, et savait-elle qu'elle était mineure ?

La comtesse Berdaiev avait écouté ces questions sans se troubler. Elle éprouvait une impression étrange : comme tout cela était incongru, un peu dégoûtant, terriblement trivial. Elle ne se reconnaissait pas dans la personne qui était décrite, ni dans son comportement, ni dans les scènes mentionnées. Pour elle, il s'agissait d'une autre. Mais il était difficile d'expliquer à un magistrat aussi apparemment borné la distinction qu'elle faisait entre ses deux personnalités, celle de son corps, celle de son âme — pour schématiser la théorie qu'elle tirait de la mythologie égyptienne.

Elle reconnut les faits et le juge estima courtois de ne pas lui présenter le jeu de photos scabreuses qu'il compulsait nerveusement et qui établissaient la matérialité de l'accusation. Le juge relut sa déposition transcrite par la greffière et lui demanda de la signer. Puis il lui signifia que l'audition était terminée et qu'il lui ferait part de ses conclusions. En prenant congé, la comtesse Berdaiev vit dans les yeux du magistrat, qui cette fois affronta son regard, une lueur, l'amorce d'un sourire, quelque chose qui lui parut enfin humain. Peut-être même ce soupçon de satisfaction qui apparaît chez un homme en présence d'une jolie femme. Elle n'observa rien de tel chez la greffière, qui répondit à son salut d'un air pète-sec et renfrogné.

Sur le quai, face à la Seine sur laquelle flottait une légère brume, la comtesse Berdaiev se sentit aussi humiliée que si un amant indiscret avait publié des photos d'elle à sa toilette. On avait violé une part intime d'elle-même, une part qui n'appartenait qu'à elle et sur laquelle personne n'avait aucun droit. En quoi la justice et son appareil solennel avaient-ils à s'en mêler ?

5

Par un matin de janvier glacial, un promeneur, un médecin à la retraite, qui sortait son labrador sur les bords de l'Indre, en amont d'Azay-le-Rideau, fit une macabre découverte : appelant son chien qui avait déniché une poule d'eau, il s'était aventuré dans une zone humide. Là, son regard fut attiré par un objet qui brillait au soleil. Il découvrit en s'approchant qu'il s'agissait d'une dent en or appartenant à ce qu'il reconnut aussitôt pour être les restes d'un corps humain recouvert de branchages. L'état de décomposition avancé indiquait que le cadavre avait dû séjourner longtemps dans l'eau. Il appela son chien et se rendit au café le plus proche pour prévenir la gendarmerie. Celle-ci diligenta une escouade spécialisée accompagnée d'un médecin légiste qui fit transporter le corps à l'institut médico-légal de

Tours afin de procéder à une autopsie pour déterminer l'identité de la personne et la cause de la mort. Étant donné l'état de délabrement du corps, il y avait peu de chances pour que celui-ci puisse livrer la moindre information.

Seule la dentition du cadavre était à peu près intacte. Dont la fameuse dent en or. C'est ce mince indice qui permit de trouver l'identité de ce mystérieux cadavre : il s'agissait de l'ataman. Le dentiste fut formel : c'est lui-même qui avait procédé à la pose de la couronne. Il fallait encore déterminer la date et les causes de la mort. Pourquoi le corps de l'ataman avait-il été découvert à trois cents kilomètres de chez lui ? Le médecin légiste procéda à l'autopsie et fit le rapport prudent qu'imposait le mauvais état du cadavre : selon lui, la mort était plus probablement due à un suicide par noyade. Restait une énigme : pourquoi avait-il la mâchoire fracturée ? Le médecin légiste, qui avait reçu entre-temps des instructions du cabinet du préfet — apparemment très compétent sur la question —, donna comme explication que le suicidé, qui avait très bien pu se jeter d'un pont, avait heurté dans sa chute le tablier du même pont. Puis le cadavre avait dérivé jusqu'au lieu où on l'avait retrouvé.

En fait, personne n'avait vraiment intérêt à éclaircir la situation. Certes, l'ataman avait disparu dans des circonstances troublantes. Assurément, ses recherches sur les complicités liées aux activités criminelles du NKVD sur le territoire français rendaient plausible l'hypothèse d'un crime. Mais la libéralisation intervenue en URSS après le discours de Khrouchtchev au XXe Congrès rendait peu probable l'action des services spéciaux russes. Néanmoins, en France, un certain nombre de personnes mises en cause par l'ataman avaient intérêt à sa disparition. Mais pourquoi remuer toute cette boue ? pensait-on en haut lieu en parfaite harmonie avec l'ambassadeur soviétique de la rue de Grenelle. La solution du suicide arrangeait tout le monde. L'ataman ne prenait-il pas régulièrement du Pronax, un médicament préconisé contre l'arthrite mais qui peut, en raison de certains effets secondaires, provoquer des crises d'angoisse (15 pour 5 000), voire (15 pour 10 000) des troubles maniaco-dépressifs ?

La presse, qui, lors de la disparition de l'ataman, avait relayé la version policière d'une fugue avec une « jeunesse », toujours le démon de midi, se rangea à l'hypothèse du suicide proposée par la police comme une évidence. Le vieux soldat russe, dépressif, qui avait le mal du pays et ensanglantait sa plaie en compulsant des archives sur de prétendus enlèvements, avait-il une autre issue que de mettre fin à ses jours ou alors de partir refaire sa vie avec une jeunesse qui l'avait, vu son âge, rapidement plaqué ? D'où, dans les deux cas, le désespoir. Et la conclusion fatale.

D'ailleurs, sa mort n'intéressait personne, pas plus que sa vie consacrée à la recherche de coupables que nul ne désirait trouver. Seuls quelques maigres entrefilets dans la presse jetèrent sur sa tombe une poussière d'informations erronées. Ce Juste avait seulement le malheur d'avoir eu à lutter contre un adversaire plus fort que lui : l'Histoire.

6

Quelque chose dansait dans l'air comme une mélodie. Une petite musique primesautière, pimpante et buissonnière, qui s'insinuait sous la croûte du quotidien et lui donnait des vibrations allègres. Pourtant, le juge Gosselin, qui tapait la semelle dans la nuit grise en attendant le bus 67 pour regagner son domicile avenue Daumesnil, n'avait vraiment aucune raison de se réjouir. Le seul petit plaisir qu'il escomptait, c'était de regarder à la télévision l'émission d'Alain Decaux, « La caméra explore le temps », consacrée à l'assassinat de l'amiral Darlan, après avoir réchauffé un plat de macaronis préparé par sa concierge italienne. Pour le reste, les nuages s'accumulaient au Palais : il soupçonnait sa greffière, qu'il avait surprise dans les couloirs en pleine conversation avec une femme qui venait d'être nommée substitut du procureur, de ne pas être loyale ; en outre, la découverte du corps de l'ataman provoquait des remous : on se demandait en haut lieu s'il fallait ou non rouvrir le dossier. Pour l'instant, la presse ne semblant pas s'émouvoir, il n'y avait aucune raison de s'en préoccuper. Enfin, comme il l'avait prévu, les auditions des protagonistes de l'affaire de Vaucresson, ouverte après la plainte du père de Claudine, se révélaient décevantes. Ce qui n'allait pas sans creuser son différend avec le procureur Mabin, qui surveillait cette affaire comme le lait sur le feu.

Pourtant, il se sentait requinqué en dépit de tous les désagréments qui s'accumulaient et rendaient encore plus poisseuse et maussade la routine procédurière : on a peu d'occasions d'être gai quand on brasse chaque jour le tout-venant de la délinquance, les meurtres, les viols, les vols avec violence, les escroqueries, dans une atmosphère poussiéreuse, agrémentée de la musique d'un jargon aride, et sous le regard sans merci d'une greffière aussi peu pimpante que possible.

Dans la nuit grisâtre et glacée, il avait le sentiment qu'une étrange petite fenêtre s'était ouverte. Comme une lueur d'espoir. Il n'en distinguait pas la cause. Peut-être même n'y en avait-il pas ? Le tréfonds de l'âme humaine est aussi sujet à des variations météorologiques. Mais il avait du mal à comprendre pourquoi soudain il entrevoyait une lueur d'espérance alors que les circonstances de sa vie n'avaient rien à lui offrir de vraiment positif. Il avait connu le grand éblouissement de la foi qui l'avait conduit au monastère de Pietracorbara. Puis l'obscurité qui avait succédé. Comme la vie était devenue aride sans la réconfortante présence de Dieu.

Il monta sur la plate-forme du bus, qui démarra. Une jeune fille blonde se mit à courir pour le rattraper. Le contrôleur bienveillant fit signe au conducteur de stopper sa machine et la retardataire monta sur la plate-forme. Ses joues étaient rouges d'avoir couru. Elle avait une toque de fourrure en renard. Et cette toque rappela au juge Gosselin un épisode de ses fiançailles, quand il était éperdument amoureux de la jeune fille que son cousin lui avait prise. Et tout à l'émotion de ce souvenir, il comprit l'origine de cette mélodie que lui jouait la vie depuis quelques jours. Dès que la comtesse Berdaiev avait pénétré dans son cabinet, il avait ressenti un trouble qui ne le quittait plus. Jamais il n'aurait pu imaginer rencontrer un jour une femme aussi belle, aussi distinguée, aussi élégante. Il lui semblait qu'elle n'appartenait pas à la race humaine si lourde et vulgaire, mais à une autre race aérienne, qui se mouvait en donnant l'impression qu'elle ne touchait pas le sol. Pendant toute l'audition, il s'était senti trembler intérieurement, perdant ses moyens, manquant d'assurance. Il n'osait pas la regarder, tant il craignait qu'elle ne découvrît son trouble. Quand elle avait quitté son cabinet, il était sorti dans le couloir du Palais et avait demandé une cigarette à un collègue. Depuis dix ans, il avait cessé de fumer. Le goût âcre de la Gauloise lui avait paru délicieux. Le soir même, il en avait acheté un paquet et il en grillait une de temps à autre avec la même savoureuse impression.

Depuis, il se demandait avec fébrilité quand il paraîtrait légitime dans l'avancement de la procédure de la convoquer à nouveau. Mais s'il devait être franc, la comtesse Berdaiev envahissait complètement le dossier : les autres protagonistes lui étaient indifférents. Et l'affaire elle-même, secondaire. Il n'avait certes pas assez d'audace pour se sentir amoureux. À son âge, dans sa condition, dans ses fonctions, une telle chose était inimaginable. Il avait l'impression d'être dans la position de ces ménestrels du Moyen Âge amoureux d'une belle dame de condition, qui ne pouvaient pas avouer leur amour et se contentaient de l'exprimer avec leur luth.

À cette image de la grande dame hiératique, souveraine, se superposaient d'autres images étrangement incongrues : les photos scabreuses incluses dans le dossier où elle apparaissait nue, se livrant à des actes qui paraissaient irréels tant sa personnalité dissuadait de croire qu'elle eût jamais pu les accomplir. Surtout, ce qui incendiait l'imagination du juge, c'était une photo où l'on distinguait parfaitement son sexe à la toison épilée et soignée, qu'il avait observée à plusieurs reprises et qui véritablement l'ensorcelait.

7

Le procureur Mabin, déjà très préoccupé par les menaces qui s'amoncelaient autour de sa promotion comme procureur général, n'imaginait pas que le dîner familial purement formel dont il n'attendait que des douceurs allait virer à la catastrophe. Le procureur et son épouse, Mélanie, aussi terne, muette et complexée, que son mari était prolixe et m'as-tu-vu, avaient convié dans leur superbe appartement de l'avenue Paul-Doumer les futurs beaux-parents de leur fille Astrid, bien sûr leur futur gendre, Alfred, ainsi que le propre beau-père du procureur, le remuant descendant du maréchal d'Empire. Le mariage devait avoir lieu en juin. Financièrement parlant, c'était une union équilibrée, même si chacune des deux familles, se sentant supérieure à l'autre, s'estimait secrètement lésée. Et ce mariage était l'occasion, comme toujours dans ces circonstances, de discussions, de tensions et de bavardages infinis sur les questions les plus futiles.

La table du dîner joliment décorée d'un dessus de table en argent qui faisait partie du service du maréchal, la nappe blanche brodée, où scintillaient de magnifiques verres en cristal, visaient à donner de la famille la meilleure impression. Tout comme l'ameublement de l'appartement composé exclusivement de meubles Empire sortis du burin de Jacob-Desmalter avec leurs sphinges en bronze de Percier et Fontaine, les tableaux sur les murs de quelques maîtres du Premier Empire, notamment un fameux portrait du maréchal en grand uniforme par Gérard. Et pour que personne n'ignorât, si c'était encore possible, l'illustre ascendance de la famille, il n'y avait pas un pan de mur vierge d'un souvenir du fameux maréchal, sa sabretache, une image d'Épinal relatant sa conduite héroïque à Leipzig, son sabre d'apparat, des ordres de mission encadrés, enfin, sa croix d'officier de la Légion d'honneur remise par l'Empereur lui-même qui avait droit à une châsse de bois doré et semblait jeter sur les invités, de tout l'éclat rouge de son ruban, une tache d'un sang glorieux.

Comble de délicatesse — pour refermer cet inépuisable chapitre —, le procureur avait fait déposer dans les assiettes des invités une petite monographie reliée en chagrin sur l'incontournable maréchal écrite par le grand historien Jean Tulard. Cela afin que les nouveaux venus soient à même d'être à flot dans les futures discussions familiales dont ce sujet formait le plat de résistance.

Le futur gendre, Alfred, un jeune homme grassouillet assez imbu de la fortune familiale, travaillait avec son père, le grand promoteur immobilier Jacques du Moulin de Neuville, un patronyme qui sentait la peinture fraîche. Il avait fait une fortune considérable dans l'immobilier, particulièrement avec la construction de logements sociaux dans les bases américaines récemment désaffectées. Son nom avait été cité, à tort, dans la faillite d'une société civile immobilière qui avait mis sur la paille beaucoup de petits épargnants. Apparemment, cet incident de parcours n'entamait pas son moral. C'était un gros homme bonasse et coriace qui fixait ses interlocuteurs avec un regard au laser qui semblait leur signifier que, connaissant toutes les ressources de l'âme humaine, mieux valait jouer franc-jeu avec lui. Son sourire était aussi rassurant que celui d'un fauve repu. Il n'avait absolument aucun complexe à voir son rejeton entrer dans la famille du prestigieux maréchal qu'il n'était pas loin de considérer comme une vieille momie indigne d'un tel culte.

Ce n'était pas le cas de son épouse qui, complexée socialement, intellectuellement et historiquement, entendait prendre sa revanche dans le secteur, certes étroit, de sa compétence en matière de lingerie. Elle avait travaillé avant son mariage dans un fameux magasin de draps. Elle comptait bien, au cours de la conversation, assurer sa prééminence dans un domaine où elle excellait.

Le seul personnage incontrôlable de ce dîner était le beau-père du procureur, le descendant du maréchal, qui dans les dîners n'était pas prêt comme son ancêtre sur le champ de bataille à céder du terrain à l'ennemi. C'était toujours un risque de l'inviter, mais il était impossible de faire autrement.

Le procureur, tout en faisant rouler la table à apéritifs dans le salon, était obsédé par les contrariétés qu'il rencontrait au Palais : il découvrait que le brave juge Gosselin, qu'il considérait comme une chiffe molle facile à manipuler, était en réalité une tête de mule. Chaque jour, il craignait de voir l'affaire de la jeune Claudine s'effondrer lamentablement. Ce qui fatalement lui vaudrait des remontrances de la part du conseiller spécial du ministre devant lequel il s'était montré exagérément optimiste. S'ajoutait la tuile de la découverte du cadavre de l'ataman. Pour l'instant, l'hypothèse d'un suicide tenait la route, mais pour combien de temps ? Enfin, profitant de son affaiblissement résultant de son manque d'efficacité dans ces deux dossiers, deux procureurs prétendaient ouvertement accéder au poste de procureur général qui devait lui revenir. Des amis, bien sûr ! Comme toujours ! Aussi le procureur, perturbé par ses ennuis de carrière, agissait-il ce soir-là comme un automate. Comme un commandant de bord dans un avion, il mit en route le pilotage automatique qui consistait, trame immanquable de chaque dîner de réception, à raconter l'histoire du maréchal. Ce qu'il entreprit de faire avec moins de verve et de pétulance que d'habitude. Était-ce son propos, l'inadaptation de cette histoire au climat d'un dîner de fiançailles, les invités étaient au bord de succomber à l'ennui. D'ordinaire, dans son état normal, le procureur se serait aperçu que son auditoire manifestait des signes de lassitude. Ainsi le promoteur immobilier tapotait-il la table d'un air exaspéré. Quant au beau-père du procureur, il ne se manifestait pas, laissant son gendre à sa défense et illustration de la légende familiale.

Le promoteur immobilier mit fin au pensum en ramenant la conversation sur ce qui était l'objet du dîner : le mariage. Aussitôt, comme mues par un même mécanisme, la mère de la mariée et celle du marié se mirent en mouvement. Elles jetèrent d'un air œcuménique les bases de la discussion : quel serait le traiteur choisi ? Sous quel type de tente aurait lieu le dîner ?

Faudrait-il ou non un orchestre ? De quelle couleur seraient les nappes et les serviettes de table ? Enfin, quelle serait la tenue des garçons et des demoiselles d'honneur ? Des questions en apparence anodines qui se révélèrent assassines. La mère de la mariée, ordinairement mutique et timorée, se réveilla et, avec un aplomb inattendu, défendit sa conception sur un ton péremptoire : s'agissait-il de la taille de la tente, de la couleur des nappes ou de l'orchestre (jamaïcain ou rock ?), on ne le savait plus tant la confusion était grande ? La mère du marié avança d'un air docte l'opinion que le rock risquait de choquer certains invités. Le ton monta aussitôt. « Je suis chez moi, riposta la première, je ne me laisserai rien imposer », à quoi la seconde répondit : « Nous participons suffisamment aux dépenses pour avoir notre mot à dire. »

Pour tenter de mettre fin à ce débat qui tournait mal, le procureur, tel le général Desaix intervenant à la bataille de Marengo pour éviter le désastre, donna la parole à son beau-père qui, renfrogné, n'avait pas dit un mot.

— Bon Papa, comment voyez-vous la situation en Algérie ?

Le vieil homme renifla, puis sa voix s'enfla et il entama une tirade homérique contre le général de brigade qui avait déserté pour fuir à Londres chez les assassins de nos marins à Mers el-Kébir et qui, comble du comble, allait peut-être devenir président de la République. Puis il se lança dans sa défense habituelle du maréchal Pétain et reprit son antienne sur les responsabilités de l'alliance judéo-maçonnique.

Ces propos que le procureur écouta d'un air consterné

ne furent ni du goût de la femme du promoteur immobilier qui remâchait son humiliation, et avait par ailleurs une autre fille qui allait convoler avec un journaliste de *Témoignage chrétien* particulièrement susceptible sur ce sujet, ni du goût du promoteur lui-même qui, tout en se vantant d'être apolitique, plaçait ses pions auprès du nouveau régime.

Le procureur fut pris soudain d'une angoisse paranoïaque : non qu'il se demandât si cette scène désagréable risquait de remettre en cause le mariage de sa fille, mais il était saisi de la crainte irraisonnée que les propos irresponsables de son beau-père puissent arriver aux oreilles du garde des Sceaux, et ruiner définitivement sa promotion de procureur général.

8

Éric regagna à pied la rue Maubert. L'existence lui semblait morne. À *Combat*, la rédaction se déchirait entre partisans du Général et opposants à la prétendue dictature, entre partisans de l'Algérie française et défenseurs de l'indépendance. Les comités de rédaction étaient de véritables psychodrames. Mais Éric devait s'avouer que sa situation sentimentale n'était guère plus brillante : un jour, il se sentait prêt à quitter Sylvie pour Leonora Drago ; le lendemain, la douceur apaisante de Sylvie lui montrait par contraste le terrible caractère de Leonora et il lui semblait plus raisonnable de rester avec une femme, certes moins fantasque que la Hongroise, mais beaucoup plus facile à vivre. Le jour suivant, il se disait qu'aucune des deux femmes ne lui convenait et que la solution serait de convoler avec une troisième. Parfois, il se réveillait en pensant qu'il aimait autant l'une que l'autre et qu'il n'arriverait jamais à choisir.

En arrivant au bas de la rue Maubert, il pensa que, décidément, il devait déménager et changer de quartier. Ces rues sans arbres, minérales, qui exhalaient une odeur de gaz carbonique et de vieux tickets de métro, et montaient à l'assaut de la Montagne-Sainte-Geneviève, étaient vraiment sans charme. Ce qui le retenait, c'était le caractère estudiantin de la Mouffe, sa proximité avec la Sorbonne, les cafés où l'on s'échange des polycopiés et des adresses de filles. Au fond, il restait un étudiant. Quelqu'un qui s'installe dans le provisoire sans avoir envie de prendre racine. Mais où aller ? La rue du Regard lui plaisait et aussi la rue de Babylone. Il serait temps d'y penser quand il aurait résolu son dilemme sentimental.

Quand il pénétra chez lui, il régnait un étrange silence qui l'inquiéta. Le sentiment d'une présence funeste. Entrant dans le salon, son cœur cessa de battre : autour de la cheminée, sur deux fauteuils crapauds, Leonora Drago et Sylvie se faisaient face. La suite fut pour lui aussi bouleversante, bruyante et agitée que s'il avait traversé un ouragan à bord d'un frêle esquif. Les deux femmes l'insultaient, chacune à sa manière : Leonora sur le mode théâtral et vociférant, Sylvie, les yeux pleins de larmes en tentant de le toucher au point sensible de la culpabilité. Toutes les deux le traitaient de menteur. Bizarrement, cette insulte lui semblait injuste. Il ne leur avait pas menti. Il avait tenté de ménager leur sensibilité et leur amour-propre en leur dissimulant une situation qui pouvait les blesser. Mais cela, apparemment, elles ne pouvaient pas le comprendre. La colère rendait impossible toute explication. Tentant vainement d'argumenter, Éric se rendit vite compte que tout dialogue était impossible.

Il n'avait plus qu'une seule issue : partir. Et, se retrouvant dans le soir brumeux et glacé, il se sentit soudain léger comme s'il s'était sorti au fond assez facilement d'une impasse. Se demandant où il irait, la solution se présenta aussitôt : Maria Berdaiev.

9

Le juge Gosselin était lucide : il avait parfaitement à l'esprit toutes les raisons qui justifiaient son désir de clore au plus vite l'affaire de la petite Claudine. Non seulement le dossier qu'on voulait à toute force grossir contre sa volonté était vide et n'aurait pas dû arriver jusqu'à lui, mais il mettait en cause une personne qu'il avait le plus vif désir d'épargner. Cette procédure si morne et ennuyeuse avait pris pour lui une teinte sentimentale. Quand il pensait à la comtesse Berdaiev, il sentait son cœur fondre de commisération et d'admiration. Comment une telle beauté pouvait-elle exister ? Son existence contrebalançait à elle seule toute la laideur de ce bas monde qu'il fréquentait où régnaient les crapules et les assassins.

Soudain, il eut une illumination. Il venait de trouver le point faible de cette affaire. Certes, il y avait une plainte en bonne et due forme. Mais pourquoi cette plainte était-elle arrivée aussi opportunément ? Il ne croyait pas au hasard. Il restait un point d'ombre dans la déclaration du père de Claudine : qui l'avait averti des mauvaises fréquentations de sa fille et de sa participation à la soirée de Vaucresson ? Il le convoqua et il n'eut pas besoin de le cuisiner pour que celui-ci avoue en toute candeur l'intervention de l'inspecteur des Renseignements généraux. Se sentant en confiance, il fut prolixe sur les pressions qu'on avait exercées sur lui pour l'amener à déposer une plainte qui risquait de nuire gravement à la réputation de sa fille.

Dès le lendemain, le juge fit convoquer l'inspecteur des RG à son cabinet. Cette décision fut interprétée par le procureur Mabin — et en haut lieu où cette information avait été immédiatement transmise — comme une véritable déclaration de guerre. Elle justifia un long entretien entre le garde des Sceaux et son conseiller spécial.

Suivant les conseils de sa hiérarchie, l'inspecteur des RG tenta de se dérober. Il refusa de se rendre à la convocation du juge. Celui-ci le menaça alors d'un mandat d'amener. L'idée d'arriver au palais de justice dûment escorté par un commissaire de police le rendit à plus de compréhension.

L'inspecteur des RG faisait donc face au juge dans son bureau. Fort du soutien de sa hiérarchie, il était prêt à répondre à ses questions avec une insigne mauvaise volonté. Le juge Gosselin observait ce grand type roux, vraiment poil de carotte, au visage tavelé et aux yeux verts et fixes comme ceux d'un serpent. Il avait l'impression d'avoir affaire à une anguille. Au moment où il allait le saisir, il lui glissait entre les doigts. L'inspecteur des RG contestait la version du père de Claudine. Il admettait seulement l'avoir rencontré. Mais il avait du mal à justifier sa connaissance de la soirée licencieuse de Vaucresson et encore plus la détention des photos pornographiques qui y avaient été prises. Il refusait de révéler ses sources au nom de la légitime protection due aux informateurs. Quand le juge le menaça d'une inculpation et d'un mandat de dépôt, le grand type roux sentit qu'il ne s'en tirerait pas sans mettre en cause Bob Hollander. Sa hiérarchie lui pardonnerait plus volontiers d'avoir grillé un indic plutôt que de l'avoir elle-même mise en cause.

Le juge comprit les dessous du montage de la plainte et pourquoi tout avait été agencé pour soustraire Bob Hollander du dossier. Il prit la décision de contrecarrer les manœuvres de sa hiérarchie. Ce faisant, il prenait des risques.

10

Le Tiburce, rue du Dragon, était un restaurant calme, raffiné et provincial, tenu par deux dames cérémonieuses. Dès l'entrée, on y humait l'odeur réconfortante de la soupe aux poireaux. On se serait cru à Angers, à Alençon ou à Tours. Les plats bourgeois, le service compassé, l'ambiance qui chuchotait tout l'agrément de la tradition française telle qu'elle n'existerait bientôt plus, vous plaçaient hors du temps. Des quelques convives, des habitués, aussi amidonnés que leur serviette, on n'entendait que le murmure d'une conversation ponctuée par le tintement d'une cuillère sur la porcelaine d'une assiette. Personne ne haussait la voix. Surtout le soir. C'est peut-être pour cette raison qu'Éric avait choisi ce restaurant pour y inviter Maria Berdaiev. Il n'avait pas envie de parler. Il ne voulait pas réveiller le drame de l'après-midi. Il craignait les sarcasmes. Et puis n'avaient-ils pas toute la soirée pour eux ? Et même la nuit puisqu'elle lui offrait l'hospitalité.

Maria Berdaiev n'avait pas non plus envie de parler. Elle ne souhaitait pas mettre Éric dans la confidence de ses problèmes judiciaires. Elle se sentait offensée d'avoir à lui avouer la part licencieuse de sa vie. Cette part-là concernait sa personnalité cachée. Et qui sait si cette affaire qui ne reposait sur rien de sérieux ne se dégonflerait pas aussi vite qu'elle était née ?

Devant un turbot au beurre blanc, Éric et Maria Berdaiev conversaient tout en gardant pour eux-mêmes l'essentiel de leurs préoccupations. Maria Berdaiev rompit avec les banalités. Elle était curieuse de la raison qui poussait Éric à lui demander de l'héberger. Curieuse aussi de savoir si son funeste pronostic sur Leonora Drago se réalisait enfin. Elle n'était pas mécontente de voir cette arrogante vieille amie, et forcément rivale, tomber de son piédestal.

Éric décida de tout lui avouer. Il raconta la scène de l'après-midi au cours de laquelle les deux femmes s'étaient affrontées avant de le prendre pour cible. Il était encore éberlué par la folle audace de Leonora. Il ne croyait pas possible, en dehors du vaudeville ou d'un roman de gare, une telle mise en scène pathétique. Et pourtant ce scénario avait bien eu lieu. Et il en avait été le principal acteur.

Maria Berdaiev savourait, elle, le comique de la situation et tirait une féminine satisfaction à voir son amie Leonora franchir les bornes du ridicule. C'était tellement elle, sa folie égoïste, son moi despotique, son mépris des convenances. Maria Berdaiev, qui avait un sens aigu de sa liberté, que rien ne limitait, s'arrêtait aux convenances. Toujours ce « savoir rester honorable » qui était sa devise. Et elle saluait une performance qu'elle n'aurait pas pu accomplir. Cette barrière-là, elle se savait incapable de la franchir.

Éric accompagna en voiture Maria Berdaiev rue Murillo. Quelle impression étrange d'entrer dans cet appartement non plus pour y dîner mais pour y loger ! Il éprouvait un sentiment de gêne. Ils s'installèrent sur un canapé devant le feu. Cela faisait du bien après le froid du dehors. Leur malaise du début du dîner avait disparu. Ils étaient heureux d'être ensemble, heureux d'être libres. Soudain, ils se turent. Les mots entre eux cessaient d'être importants. Qui de lui ou d'elle fit le geste tendre qui les amena à s'embrasser, à s'étreindre et avec la même impatience à faire l'amour sur la moquette du salon ? Ce qu'ils ressentirent, tandis que le cartel de Boulle faisant tinter ses notes cristallines annonçait onze heures, c'était une merveilleuse paix. Comme d'atteindre enfin l'harmonie avec soi-même après une longue errance. Ils se retrouvaient avec l'enthousiasme de ceux qui se sont perdus. Ils connaissaient la même ferveur que pendant les nuits d'Ibiza, mais avec en plus cette douceur et ce calme qui président aux retrouvailles avec un être follement aimé.

En s'étreignant, ils découvraient des corps familiers dont la magie subsistait avec le sentiment de ne s'être au fond jamais quittés. Chaque nouvelle étreinte leur semblait une revanche sur le temps gâché dans d'autres bras. Ils s'endormirent ainsi sur le canapé, à moitié nus, éclairés par les braises rougeoyantes du feu qui se consumait.

11

Le juge Gosselin ne regardait plus la vie comme un long tunnel sans lumière. L'amour qu'il construisait peu à peu pour la comtesse Berdaiev, et qui allait bientôt atteindre son paroxysme, lui avait ouvert des perspectives insoupçonnées sur son existence. Il lui rendait avec l'espoir une forme de confiance en lui-même. Il se sentait étrangement fort. Ayant toujours vu le monde sous des couleurs ternes et grisâtres, il avait l'impression de renaître. De la même manière que lors de ses pèlerinages à Saint-Jacques-de-Compostelle organisés par le chapitre de Saint-Thomas-d'Aquin, il distinguait dans la brume du petit matin surgir le pont du Diable et les rochers de l'Hérault, il reprenait foi en Dieu et, étrangement, en la vie. La petite coquille qui désignait sur les sentiers le chemin de Saint-Jacques, c'était désormais le visage de la comtesse Berdaiev qui apparaissait dans ses rêves. Il pensait sans cesse à elle, se morfondait sans elle, et cherchait un moyen de la revoir qui ne fût pas contraire à sa déontologie. Car s'il devait en effet être amené à la convoquer dans le cadre de la procédure concernant le dossier de la petite Claudine, ce n'était certainement pas dans ce périmètre qu'il pourrait nouer avec elle l'amorce d'une relation sinon sentimentale, du moins plus humaine. Non pas qu'il eût nourri le moindre espoir de la séduire. Il avait conscience qu'il existait entre eux un fossé impossible à franchir : social, physique, enfin, tout ce qui rend illusoire une histoire d'amour entre une très belle aristocrate et un juge d'instruction banal. Il se voyait avant tout comme son chevalier servant. L'homme qui avait le désir de la défendre et, en premier lieu, de la disculper dans l'affaire dont il avait la charge. Cette mission lui était d'autant plus aisée que non seulement il la jugeait innocente mais que, pour lui, il n'y avait pas d'affaire du tout. Seulement un montage politique visant à éliminer un concurrent gênant. La routine ! Ce n'était ni la première ni la dernière fois qu'il verrait ourdir ce genre d'opération déstabilisatrice. Le jeu de la politique !

Sa nouvelle passion stimulait ses facultés intellectuelles : le but avant toute chose était de dégonfler une affaire artificiellement orchestrée. Il devait frapper à la source de la plainte, à celui qui l'avait provoquée et justifiée en diffusant des photos pornographiques de la soirée de Vaucresson. La fiche de police de Bob Hollander était déjà éloquente et ses liens avec l'inspecteur des RG attestaient une collusion patente. Restait à savoir pour qui il avait agi, sur l'ordre de qui.

Il le fit convoquer aussitôt.

12

Le conseiller spécial du ministre convoqua le procureur Mabin dans son bureau de la Chancellerie. Il était d'humeur massacrante. Il ne faisait que répercuter la furibonde colère du ministre qui avait dû lui-même se faire sonner les cloches à l'échelon supérieur. Qu'était-ce donc que cette foutue affaire qui traînait à cause de la mauvaise volonté d'un minable juge d'instruction ? Pourquoi les inculpations tardaient-elles ? Car, sans ces inculpations, c'est l'enfance de l'art, il est bien difficile de donner à la presse un ragoût un peu appétissant. On ne souhaitait pas mort d'homme ! Simplement la divulgation d'informations scandaleuses pour ramener à la raison cet outrecuidant président Marchandeau. Quelle idée avait eue cet imbécile de vouloir se présenter à l'élection présidentielle ?

Le conseiller spécial avait changé de ton. Fini les insinuations sirupeuses, les méandres des suggestions. Il était abrupt, carré. Il soupçonnait en effet le procureur Mabin — il n'avait pas complètement tort — de chercher à gagner du temps pour prendre le vent. D'avoir deux fers au feu, comme on dit. Il ne le traita donc plus de pair à compagnon, mais avec un ton comminatoire qui fit frémir l'intéressé, intéressé à plus d'un titre puisqu'il y allait de sa promotion de procureur général. Il passa donc du ton doucereux et paternel des hommes de sa sorte, dont l'existence, comme celle des papillons tout autant que celle de leur ministre, est éphémère, à la menace la moins voilée. Il aborda sans aucune pudeur les prochaines promotions, dont la sienne qui était « dans les tuyaux », mais sans dissimuler qu'il aurait un rude concurrent en la personne du procureur Crémieux de La Rochère dont la femme, très active, était au mieux avec l'actuel président de la commission des lois de l'Assemblée. Puis, de manière suggestive et d'un air de commisération désolée, comme s'il se mettait à la place de son interlocuteur, il aborda le passé du beau-père du procureur, sa francisque, même si le temps avait passé et que la réconciliation nationale était une ardente nécessité. Mais...

C'est ce « mais », cette conjonction, suivie de douloureux et menaçants points de suspension, qui laissa planer dans l'esprit du procureur une indicible angoisse. Ce « mais » disait les choses de la manière la plus claire : on lui ordonnait d'être plus viril, moins velléitaire, en un mot obéissant. Le procureur se promit de mettre cette injonction en musique. Mais il dut faire un effort pour dompter sa nature procrastinatrice et précautionneuse : il ne pouvait déroger à ce qu'il était dans l'âme, la prudence même : un magistrat. Il décida de sévir.

13

Bob Hollander disparut subitement. On ne le voyait plus dans les lieux qu'il fréquentait : ni à La Belle Ferronnière, ni au café de Flore, ni au New Jimmy's où il avait sa bouteille de bourbon, ni dans les boîtes de nuit de second ordre où il s'approvisionnait en starlettes, petits mannequins et filles déboussolées. Il s'était comme volatilisé. Son téléphone à son studio de photo ne répondait plus ; le répondeur était saturé de messages. Mystérieusement prévenu qu'il était en danger, il avait pris le train pour Lausanne, où il avait loué une chambre au Montreux Palace sous un nom d'emprunt — encore un. Sa vie d'expédients, de demi-chantages, de compromissions avec les RG le rattrapait. Il n'avait plus d'amis. En avait-il jamais eu ? Le piège où l'avait conduit sa vie inconséquente et dépravée se refermait sur lui. Trop faible et trop léger pour tenir son rôle dans la grande délinquance, il n'avait pas d'autre issue que la fuite. Mais pour aller où ? Il sentait partout une sourde menace.

14

La comtesse Berdaiev était à nouveau dans le bureau du juge Gosselin. Dans l'atmosphère de renfermé à l'odeur de vieux buvard flottaient des effluves mentholés. Celui-ci, s'efforçant d'être affable, débordait d'amabilités, il essayait de diluer autant que possible les désagréments d'une nouvelle convocation. La greffière, toujours revêche, avait fait un sensible effort d'élégance. Elle avait paré ses épaules d'un voyant foulard Hermès pour bien montrer qu'en matière de chic elle n'était pas en reste. Le juge se sentait gêné et empoté. Il éprouvait, comme tous les amoureux convaincus de n'obtenir jamais de réciprocité, un terrible sentiment de solitude en face de l'être passionnément aimé. Jamais la comtesse Berdaiev ne condescendrait à le voir en tête à tête, hors de la présence de son importune greffière. Il n'aurait que la mince satisfaction de la convoquer dans ce bureau ingrat. Pourquoi une telle rencontre pour lui aux accents si romantiques se déroulait-elle dans des circonstances et un lieu si peu accordés à ses sentiments ?

En la regardant, il sentait se creuser la distance qui l'éloignait d'elle. Et les questions qu'il voulait lui poser sur Bob Hollander, les rapports qu'ils entretenaient, lui semblaient non seulement vulgaires, mais à mille lieues des pensées qui se pressaient en lui. Il était taraudé par une préoccupation obsédante : comment trouver le moyen de casser le froid rapport de magistrat à justiciable dans lequel ils étaient enfermés ? Comment en sortir pour entretenir un véritable rapport d'homme et de femme ? Dieu sait qu'il ne pensait pas à un flirt. Une promenade, un thé en tête à tête auraient suffi à son bonheur. Oui, quelque chose d'humain qui les arrache à la froideur de ces murs tristes comme la justice.

Soudain, pris d'une pulsion dont il mesura tout autant la folie que le danger, il écrivit quelques mots sur une feuille qu'il plia soigneusement en huit : « Attendez-moi au restaurant Chez Paul, place Dauphine. J'ai à vous parler en secret. » Et il dissimula le message dans sa main gauche. Lorsque la convocation eut pris fin, au moment où la comtesse Berdaiev prenait congé, il lui glissa discrètement le message dans la main qu'elle lui tendait. La comtesse eut une imperceptible expression de surprise et quitta le bureau.

Le juge Gosselin éprouva alors un intense sentiment de délivrance. Il se surprenait lui-même. Jamais il ne se serait cru capable d'une telle audace. Il avait balayé d'un coup deux interdits, l'un sentimental, l'autre judiciaire. Il avait l'impression de s'aventurer dans un territoire étranger. En franchissant la barrière de la légalité, il rejoignait doublement l'être qu'il aimait. Et il en tirait une sorte d'ivresse.

15

La femme de ménage qui venait chaque matin donner un coup de balai dans le capharnaüm du studio de photo où logeait Bob Hollander s'étonna de trouver la porte entrouverte. Le croyant revenu de son escapade, elle appela le photographe qui ne répondit pas. Inquiète, craignant d'avoir affaire à un cambriolage, elle allait procéder à un rapide examen des lieux, lorsqu'elle aperçut quelqu'un qui semblait endormi dans un fauteuil. En s'approchant, elle vit avec stupeur qu'il s'agissait de Bob Hollander. Sa tête était enveloppée dans un sac en matière plastique transparent. Il n'était pas assoupi, il était mort. Elle prévint aussitôt la police, qui arriva rapidement sur les lieux.

Le commissaire, un gros homme essoufflé à la tignasse luisante de gomina, procéda à l'inspection des lieux. Il remarqua que le coffre-fort était ouvert et certains des documents qu'il contenait éparpillés sur le sol. Bien en évidence sur son bureau, sur une feuille blanche insérée dans la machine à écrire, apparaissait un mot d'adieu, « Je n'en peux plus. Adieu.

Bob ». Le commissaire hocha la tête. Le suicide pour lui ne faisait aucun doute. Ni la porte d'entrée entrouverte ni le coffre-fort en désordre ne semblèrent le troubler. C'étaient les manifestations d'un désarroi qui signaient le suicide. Puis, comme il s'agissait d'un photographe qui avait eu son heure de notoriété, il en informa le procureur et également le journaliste de faits divers d'un quotidien du matin avec lequel il était régulièrement en contact qui se chargea de rallonger la sauce. Le lendemain, dans son article, celui-ci donna sa version du suicide : le photographe, mis en cause dans une affaire de mœurs particulièrement scabreuse qui devait lui valoir une inculpation, avait voulu échapper au déshonneur en mettant fin à ses jours. Quelques allusions à son passé judiciaire pimentaient l'article.

En l'occurrence, le constat du commissaire relayé par le journaliste, s'il paraissait plausible, ne témoignait pas d'une grande conscience professionnelle. Bob Hollander, qui aimait la vie, l'avait quittée un peu facilement. Le message sur la machine à écrire avait pu être écrit par n'importe qui. Il n'y avait qu'une seule certitude : c'était un vivant qui gênait. Une fois mort, il ne gênait plus personne. Mais le bouc émissaire disparu, il fallait se tourner vers une autre victime expiatoire pour que l'intérêt sur cette affaire ne s'éteignît pas et que la presse restât en haleine. Celle-ci était toute trouvée : la comtesse Berdaiev.

16

Trois jours plus tard, la presse se déchaînait. Qui l'en avait informée en dehors du commissaire ? Qui avait révélé les liens qui unissaient les protagonistes de l'affaire de la petite Claudine au président Marchandeau ? Des petits journaux spécialisés dans les faits divers scandaleux jusqu'à la presse nationale, on fit de grands titres de ce qui apparaissait comme un croustillant scandale. Sans qu'à aucun moment ceux qui diffusaient ces informations ne critiquent les faits erronés qu'on leur avait transmis. Mauvaise foi, paresse, crédulité se mêlaient devant les versions policières et manipulations. Il y a une funeste tradition de relations incestueuses entre la police et certains vieux routiers des faits divers. Les échanges de services rendus, qui vont du silence sur de vénielles infractions, voire de plus graves, ou de simples remises de contraventions, aboutissent parfois à une information tronquée, dont certains détails peuvent être contestés mais dont on ne remet pas en cause le bien-fondé. C'est la généalogie de tous les scandales qui donnent au grand public crédule l'illusion d'une saine purification, car celui-ci ignore les sombres tractations qui ont contribué à les mettre au jour. Et les journalistes, une fois abusés, ne peuvent se déjuger. La presse est comme ces paquebots en haute mer qui, une fois atteinte leur allure de croisière, ne peuvent faire marche arrière quand un homme tombe à la mer.

La foudre tomba sur le président Marchandeau, qui était la véritable cible. Le fait d'être cité valait condamnation morale. Ce politique rusé savait ce qu'il risquait : il pensait que les attaques viendraient d'un épisode peu clair de sa vie clandestine pendant la Résistance. Il n'imaginait pas que ses pairs, dont la vie était aussi dissolue que la sienne, joueraient les professeurs de vertu pour l'abattre. En quoi il se trompait. Tout était bon pour le disqualifier. Mais, ne pouvant pousser l'offensive de front contre lui en raison de son honorabilité de résistant et de son passé d'homme de gauche, on chercha à l'éclabousser par un personnage secondaire : Bob Hollander n'étant plus là, on entreprit de charger une comparse que sa beauté et son origine étrangère exposaient particulièrement à la vindicte d'une opinion moralisatrice. Non pas qu'il y eût pensée délibérée de la déshonorer ou de lui nuire. Mais seulement parce que la machine politique et judiciaire étant en route, elle écrasait tout sur son passage. La comtesse Berdaiev n'avait que la malchance de se trouver là.

Une semaine plus tard, après avoir jugé la vanité d'une contre-attaque, le président Marchandeau déclara forfait à l'élection présidentielle. Aussitôt, concernant le dossier judiciaire de la petite Claudine un doux zéphyr de mansuétude venant de la Chancellerie vint s'insinuer dans le bureau du procureur Mabin, sans atteindre pour autant le bureau de l'intraitable et incorrigible juge Gosselin. Le but atteint, on décidait en haut lieu que cette affaire n'avait strictement aucun intérêt. D'ailleurs, en avait-elle eu jamais ? Sinon…

17

La comtesse Berdaiev ne se rendit pas au rendez-vous du juge. Toute sa vie, elle s'était appliquée à agir avec souplesse et à se plier à la dictature des circonstances. Question de survie. Elle n'avait pas le choix. Soudain, elle se sentait lasse de cette lutte contre l'adversité. Le démon de l'à-quoi-bon dissolvait sa volonté. Elle avait envie de lâcher prise. Qu'adviendrait-il si elle laissait faire les choses ? Qu'importe si c'était à son détriment. Elle s'en moquait. Elle n'appartenait pas sans raison à un peuple qui a inventé la roulette russe.

Le juge l'attendit au restaurant de la place Dauphine jusqu'à la nuit tombée, espérant toujours au-delà du délai raisonnable. Au fur et à mesure que le temps passait, son état moral se détériorait. Un si grand rêve et une si grande déception. Son abattement était à la dimension de son ancien enthousiasme. Il essayait de comprendre pourquoi elle n'était pas venue. Il imaginait un scrupule, ou un empêchement d'un autre ordre. Il essayait de lui trouver une excuse, non pas pour elle, mais pour ne pas s'accabler de reproches et pour éviter la désespérante conclusion que, tout simplement, il ne l'intéressait en rien ; qu'elle le méprisait. Mais cette hypothèse-là l'emportait et envahissait tout son être d'une humeur noire et mauvaise. Non seulement il s'était humilié en lui donnant un rendez-vous illicite, mais il s'était rendu ridicule en lui ouvrant son cœur. Car, comme tous les hommes intoxiqués par leur propre passion, il croyait que celle-ci était visible à l'œil nu, que chacun pouvait la déceler, *a fortiori* l'intéressée elle-même. Peut-être même se moquait-elle de lui ? Il frémit à cette idée.

Il marchait sur les quais en face de la Belle Jardinière en proie à un dramatique débat avec lui-même. Tous les sentiments se mêlaient : la déception, la rancœur, l'humiliation, l'amertume et, surtout, une peine poignante face à la perte de l'illusion d'un grand amour. Ses pensées tournaient à l'aigre. La neurasthénie l'enveloppait de ses voiles noirs. Tous ses anciens conflits intérieurs resurgissaient. La belle fiancée qui l'avait quitté pour son cousin riche, sa tentative de noviciat avortée au monastère de Pietracorbara due autant au rejet des moines devant son caractère difficile qu'à l'insensible perte de sa foi.

L'idée de la pécheresse fatale s'imposa à lui ; cette pécheresse qui emplit toute l'histoire religieuse et la liturgie chrétienne de son ombre satanique. Une véritable crise de folie accompagnée de fièvre et de délire religieux l'éveilla en sursaut dans la nuit. Des pécheresses lui apparaissaient, faisant un maléfique cortège à la plus diabolique, la comtesse Berdaiev. Par la séduction qu'elle exerçait sur lui, sa beauté — les vrais caractères de l'ange des ténèbres —, elle avait voulu sa perte en l'entraînant dans la dépravation. Elle avait tenté de le faire chasser de la magistrature, ce nouveau sacerdoce protecteur qu'il associait dans son délire à la Vierge Marie.

En fait, le magistrat était atteint de cette forme de démence religieuse clairement répertoriée par le célèbre psychiatre viennois von Krafft-Ebing dans son magistral ouvrage *Psychopathia Sexualis*. Une paranoïa qui a la particularité d'associer pulsion charnelle et passion mystique, susceptible d'aboutir, dans sa version pathologique grave, à des automutilations et même à des crimes, particulièrement de prostituées considérées comme les agents du démon.

Le lendemain, annulant ses rendez-vous au Palais, il alla trouver refuge auprès de son confesseur, l'abbé Simon, à Saint-Nicolas-du-Chardonnet. Il se confessa. Le prêtre en entendant la confession du magistrat dans la demi-obscurité de l'habitacle, à travers l'ouverture grillagée, se sentit en parfaite communion de concupiscence ardente et frustrée avec son pénitent. La description des turpitudes les brûlait l'un et l'autre.

— Mon fils, conclut le prêtre sentencieusement, vous devez vous libérer de l'emprise de cette femme. Chassez-la au plus vite de votre vie et de vos pensées. Allez en paix !

L'après-midi même, le juge Gosselin signait l'ordonnance d'inculpation de la comtesse Berdaiev.

18

Le Général fut élu comme prévu président de la République. Il n'avait eu contre lui que des candidats sans envergure. On avait fait le ménage, comme on dit. Il n'avait guère prêté attention au renoncement du président Marchandeau et à ses tracas judiciaires. Il n'était pas homme à s'attarder sur les mésaventures des politiciens que, par essence, il méprisait. Sa passion pour le pouvoir, pour sa mission à remplir, le rendait aveugle à tout ce qui ne le concernait pas. Son puritanisme le rendait au surplus inaccessible à la pitié envers un vieux cacique parlementaire à la vie dissolue. N'étant pas loin d'y voir un signe du Ciel qui le justifiait, il aurait pu citer, si l'affaire l'avait troublé, un verset de la Bible qui vouait le pécheur aux gémonies. Il pensa à une sentence lugubre de Pascal sur le châtiment de ceux qui se livrent aux coupables plaisirs de la chair, « qu'ils s'en saoulent et qu'ils en meurent ». Avec Pucheu, il n'avait pas montré plus de compassion. Mais Pucheu était un père de famille qui méritait le respect. Tandis que là...

Ce génial chef d'État aux vues prophétiques restait dans le domaine de la morale privée enraciné dans ses origines étriquées et conformistes de petit bourgeois lillois. S'y ajoutait une acrimonie, teintée de jalousie, envers ceux qui, contrairement à lui, s'adonnaient à une vie sentimentale libre et voluptueuse. Les tortures de la libido, qu'il avait dominées de son caractère de fer, le rendaient arrogant envers les faiblesses communes. Qu'importe s'il accordait une licence particulière aux grands héros du passé qu'il admirait, les César, les Napoléon, les Clemenceau, qui n'étaient plus que des idoles symboliques aux passions consumées. Aux vivants, il ne pardonnait rien.

19

Ce fut un vrai dîner russe. Le dessus de table en porphyre et argent ciselé comportant, avec l'aigle bicéphale, les symboles et les armes de la famille impériale, cadeau du grand-duc Nicolaï Nicolaievitch, jetait tous ses feux sur la nappe blanche brodée. Les bougies faisaient briller les grands chandeliers en argent et jetaient des éclats de lumière sur les verres de Bohême multicolores. L'on se préparait à servir des mets exquis : caviar de chez Petrossian, moelleux blinis, anguille fumée, et la célèbre vatrouchka, le gâteau au fromage blanc. Le tout accompagné de vin d'Ukraine et d'une orgie de vodka. Dans l'entrée pour accueillir les invités, puis dans la salle à manger pour maintenir l'atmosphère festive, un couple de Tsiganes habitués des lieux, Macha et Pavel, jouaient de la balalaïka et chantaient de vieilles chansons du répertoire populaire. En entrant dans le vestibule illuminé, accueilli par les airs de balalaïka qui emplissait l'escalier, Éric imagina qu'allait se dérouler une grande fête comme les Russes les aiment, avec la famille, les amis et les indispensables pique-assiette. C'était en effet une grande fête, mais organisée pour lui seul.

La comtesse Berdaiev avait accueilli la nouvelle de son inculpation pour outrages aux bonnes mœurs et corruption de mineure sans manifester la moindre indignation. Elle avait l'art d'affronter les coups du sort, fussent-ils les plus injustes, sans rien perdre de son air altier. Avait-elle connu autre chose que la lutte pour survivre ? Elle et les siens, les Russes blancs, en exil sur cette terre étrangère tant aimée, au milieu de ces Français qui étrangement ne les comprenaient pas, finissaient par accepter leur situation de parias comme une fatalité. L'âme russe se plie facilement à l'esclavage du malheur quand il vient de Dieu. Ils en cherchaient parfois confusément dans le Ciel l'explication. La France si accueillante aux exilés regardait ceux-là comme des rebuts de l'Histoire. Une tribu anachronique qui n'avait nulle part sa place dans le monde. Comme les Pygmées ou les cannibales. Pourtant, « ces étrangers et nos frères pourtant » comme Anton, comme Anatole Lewitsky, comme Boris Vildé, comme les Arméniens de l'Affiche rouge, morts sous les balles allemandes dans la carrière du mont Valérien, avaient choisi de mourir pour elle, alors qu'on ne leur demandait rien. La comtesse Berdaiev savait relativiser ses souffrances. Qu'étaient-elles à côté des tortures subies par Anton, par Vera Obolenski et de tous les malheurs qu'avait subis un peuple trahi ? Elle avait conscience d'appartenir à une race maudite. Loin d'en ressentir une humiliation, elle en tirait un sentiment d'exception.

Elle décida de répondre au malheur par une fête. Et tout avait l'air d'une fête russe ce soir-là, même les larmes. Après la vatrouchka et une nouvelle orgie de petits verres de vodka, Macha chanta *Les Yeux noirs*, cette mélopée triste qui rend si fort la mélancolie de l'âme russe. Alors seulement Maria Berdaiev pleura. Mais elle se ressaisit très vite. Elle trinqua avec Éric puis avec les Tsiganes.

Éric était ébloui. Jamais Maria Berdaiev ne lui avait semblé aussi resplendissante ni si belle. Elle s'était parée de très beaux colliers de perles et d'une superbe robe noire qui mettait en valeur l'éclat de son teint. Éric, par discrétion, n'osait évoquer les tracas judiciaires dont il avait entendu parler mais dont il ignorait encore la gravité, comme sa récente inculpation. Cela ne semblait pas avoir entamé sa joie de vivre. Le dîner terminé, les Tsiganes partis, elle se blottit dans les bras d'Éric devant le feu. Exactement comme la fois précédente, ils firent l'amour avec la même fougue mêlée de mélancolie. Comme ils s'entendaient délicieusement bien, songeait Éric, pourquoi n'avaient-ils pas vécu ensemble ? Et comme la dernière fois, à minuit, le carillon fit entendre ses notes cristallines.

Prétextant la fatigue, la comtesse Berdaiev demanda à Éric de la laisser. Il quitta la rue Murillo avec une impression de tristesse. Pouvaient-ils continuer ainsi ? Ces années qu'ils avaient passées à se voir sans jamais oublier les nuits de folie d'Ibiza avaient préservé intact leur amour, mais l'avaient transféré sur un mode idéal. Ils n'étaient plus vraiment des amants, ni vraiment des amis, alors quel mystérieux lien continuait à les ensorceler ? Reprenant le volant de sa voiture garée au bas de la rue, Éric éprouva un cruel sentiment de solitude et de gâchis.

À trois heures du matin, la comtesse Berdaiev, après avoir mis ses affaires en ordre, sortit du tiroir de sa commode, où elle rangeait pieusement les souvenirs d'Anton, le pistolet à manche de nacre qu'il lui avait offert pour son calamiteux mariage. Elle relut la fantasque inscription gravée sur la crosse : « Pour qu'il te défende ou te délivre ». Elle alluma l'électrophone et se laissa envahir par le charme acide de son morceau de musique préféré : *Pavane pour une infante défunte* de Ravel. La mélodie qui l'enveloppait comme si elle plongeait dans les eaux profondes d'un fleuve semblait lui rendre un écho parfait du bel échec qu'avait été sa vie. Puis, debout devant sa psyché, elle se tira une balle en plein cœur.

À cinq heures du matin, Éric s'éveilla en sursaut. Il se sentait mal. Il eut le pressentiment d'un malheur.

20

La princesse Oborov mourut cinq mois plus tard. Elle ne se nourrissait plus et commençait à perdre la tête. À quelques semaines d'intervalle de son amie, l'impérieuse comtesse Kouraguine, la mère de Vassili. Elles furent toutes deux inhumées non loin l'une de l'autre dans le cimetière russe de Sainte-Geneviève-des-Bois.

Le juge Gosselin passa trois mois dans une maison de repos des environs de Paris où il avait été interné en raison de ses accès de paranoïa religieuse — il dut subir un électrochoc qui lui fut très profitable. À sa sortie, il eut l'heureuse surprise de se voir promu comme avocat général à Saint-Pierre-et-Miquelon. La Chancellerie n'avait trouvé que cette mutation pour écarter un juge dont le comportement atypique commençait à faire jaser. Est-ce le climat très sain, certes humide et brumeux — la température n'excède pas douze degrés au cœur de l'été — ou l'activité roborative consistant à régler des litiges très pointus de pêcheurs à la morue qui bravent les interdictions de franchir les zones de pêche, mais sa santé mentale se rétablit. Il ne fit plus jamais parler de lui, ni en bien ni en mal. À l'église Saint-Joseph, il fut un paroissien modèle remplissant même les fonctions de diacre, et tout le monde louait sa piété et sa discrétion.

Le procureur Mabin obtint enfin sa promotion tant espérée. Il fut nommé procureur général non pas tant pour son mérite, ce qu'il ne devina heureusement pas, mais parce que le garde des Sceaux découvrit dans les dossiers de ses concurrents des compromissions dirimantes avec des caciques influents de la IVe République. Le ministre trancha donc sans enthousiasme en sa faveur. Malheureusement pour lui, il ne put jouir longtemps de sa nouvelle fortune. Au cours d'une chasse à courre, emporté au grand galop dans la forêt par Toscan, la tête ailleurs, tout à l'exubérance de fêter sa promotion dans l'ordre de la Légion d'honneur, son front heurta de plein fouet la branche d'un mélèze. Désarçonné, transporté à l'hôpital de Rouen, il fut déclaré paraplégique.

Leonora Drago revit son mari. Ils se réconcilièrent, reprirent la vie commune, puis se trompèrent à nouveau avec assiduité. Ils trouvaient dans ce mode de vie survolté fait de ruptures et de réconciliations, d'adultères et de fidélité, une forme d'équilibre. Et même de bonheur.

Éric pleura, il voyagea, il connut des moments de désespoir. Il eut de nouvelles maîtresses, dont aucune ne parvenait à le distraire de sa tristesse. Il fut nommé rédacteur en chef de *Combat* à l'issue d'une de ces luttes fratricides endémiques dans la rédaction de ce sympathique journal. Quelques jours plus tard, assistant aux obsèques au Père-Lachaise d'un chef de rubrique très estimé, alors que les journalistes émus se dispersaient, il vit s'approcher timidement de lui une très jeune fille blonde au regard candide et émerveillé. Elle avait lu son roman *De l'autre côté de la nuit* et avait un conseil à lui demander. Il prit son numéro de téléphone. Et tout recommença.

Mais cette nouvelle aventure qui dura ne chassait en rien la présence de Maria Berdaiev. Tout la lui rappelait. Il lui semblait que maintenant, après tant de vicissitudes et d'écarts, elle était enfin à lui. Mais c'était son tour de se partager en deux images : sa vie sexuelle et temporelle se passait avec Virginie, la jeune professeur d'art, mais son amour profond, idéal, immatériel, était voué à Maria Berdaiev. Et il vécut ainsi comme beaucoup de gens vivent, en accommodant son idéal et les réalités imposées par le destin.

Le Général débarrassé de ses concurrents, après avoir été élu président de la République, put remplir la mission qu'il s'était assignée et donner des institutions à la France. Son règne en matière judiciaire ne connut que peu de scandales en dehors de l'affaire de l'enlèvement de Mehdi Ben Barka, leader progressiste marocain, perpétré avec la complicité de deux inspecteurs des RG, et du suicide du journaliste Georges Figon dans des conditions très obscures. Il quitta le pouvoir en 1969 et se réfugia dans sa gentilhommière de la Champagne pouilleuse, face au vent glacé et à une plaine betteravière peu affriolante, dans un tête-à-tête barbelé avec sa fidèle épouse.

Le président Marchandeau, vaincu, fut définitivement déshonoré par le procès qui eut lieu quelques mois plus tard à huis clos (on avait pris prétexte de l'âge de la petite Claudine afin de donner le moins possible de publicité à cette affaire graveleuse). Ni la Chancellerie ni le garde des Sceaux n'avaient intérêt à ce qu'on rouvre le dossier du suicide vraiment bizarre de Bob Hollander. L'ex-président Marchandeau — il avait été battu aux élections législatives — tenta de répondre à la calomnie dans un ouvrage autobiographique publié à compte d'auteur. Il y vantait ses mérites et se défendait des injustes accusations portées contre lui sans pour autant mettre en cause les véritables responsables de ses malheurs. Il avait appris la prudence. Il mourut dans une complète solitude trois ans plus tard, abandonné de ses amis et de ses obligés, et même oublié de ses ennemis qui avaient conspiré à sa perte.

Le champêtre cimetière russe et sa charmante petite église à coupole ne changent pas. Le temps passe sur ce cimetière avec une douceur d'éternité. Tout un peuple enthousiaste et malheureux y a trouvé enfin le repos. Bientôt, plus personne ne se souviendra de cette bizarre colonie enchantée par ses Tsiganes et ses nostalgies, qui a fait de ce lieu un véritable morceau de terre russe. Pour que l'illusion soit parfaite, il faut que la neige blanchisse les tombes surmontées par les croix orthodoxes à deux branches et les bouleaux qui les gardent. Cette croix si particulière qu'Anton et ses deux compatriotes, Anatole Lewitsky et Boris Vildé, au moment d'être conduits dans la carrière du mont Valérien, avaient vu, incrédules, se dessiner dans la brume du petit matin, avant de comprendre qu'il s'agissait, sculptée prodigieusement sur le donjon du château, de la croix de Lorraine.

LES NUITS D'IBIZA

LA CHAMANE DE SIBÉRIE

ANATOMIE D'UN SCANDALE

Œuvres de Jean-Marie Rouart (suite)

DEVOIR D'INSOLENCE, *essai*, 2008.

CETTE OPPOSITION QUI S'APPELLE LA VIE, *essai*, 2009.

Chez d'autres éditeurs

OMAR, LA CONSTRUCTION D'UN COUPABLE, *essai*, Éditions de Fallois, 2001.

LIBERTIN ET CHRÉTIEN, *entretiens avec Marc Leboucher*, Éditions Desclée de Brouwer, 2004.

GORKI, L'EXILÉ DE CAPRI, *théâtre*, L'avant-scène théâtre, 2006.

CES AMIS QUI ENCHANTENT LA VIE, *essai*, Robert Laffont, 2015.

LE PSYCHODRAME FRANÇAIS, *essai*, Robert Laffont, 2017.

Cet ouvrage a été composé par
Nord Compo
et achevé d'imprimer
par Normandie Roto Impression s.a.s.
61250 Lonrai, en février 2018
Dépôt légal : février 2018
Numéro d'imprimeur : 1800180
ISBN 978-2-07-278526-9 / Imprimé en France

332396